BERND R. HOCK

Moment,
ich lebe gerade!

Sorgen raus, Freude rein

SCM
Hänssler

SCM

Stiftung Christliche Medien

SCM Hänssler ist ein Imprint der SCM Verlagsgruppe,
die zur Stiftung ChristlicheMedien gehört, einer gemeinnützigen Stiftung,
die sich für die Förderung und Verbreitung christlicher Bücher,
Zeitschriften, Filme undMusik einsetzt.

© 2024 SCM Hänssler in der SCM Verlagsgruppe GmbH
Max-Eyth-Straße 41 · 71088 Holzgerlingen
Internet: www.scm-haenssler.de; E-Mail: info@scm-haenssler.de

Die Bibelverse sind, wenn nicht anders angegeben, folgender Ausgabe entnommen:
Lutherbibel, revidiert 2017, © 2016 Deutsche Bibelgesellschaft, Stuttgart

Außerdem wurden verwendet:
Hoffnung für alle ® Copyright © 1983, 1996, 2002, 2015 by Biblica, Inc.®.
Verwendet mit freundlicher Genehmigung des Herausgebers Fontis –
Brunnen Basel (HFA)
Neues Leben. Die Bibel, © der deutschen Ausgabe 2002 und 2006
SCM R.Brockhaus in der SCM Verlagsgruppe GmbH, Holzgerlingen (NLB)
Bibeltext der Neuen Genfer Übersetzung, Copyright © 2011 Genfer Bibelgesellschaft,
Wiedergegeben mit freundlicher Genehmigung. Alle Rechte vorbehalten. (NGÜ)
Die Heilige Schrift, übersetzt von Hermann Menge. Neuausgabe. © 1949,
2003 Deutsche Bibelgesellschaft, Stuttgart (MENG)

Lektorat: Christiane Kathmann, www.lektorat-kathmann.de
Umschlaggestaltung: Andreas Sonnhueter; grafikbuero-sonnhueter.de
Titelbild: Azindianlany; HappyPictures (shutterstock.com)
Autorenfoto: Tom Pingel
Satz: typoscript GmbH, Walddorfhäslach
Druck und Bindung: GGP Media GmbH, Pößneck
Gedruckt in Deutschland
ISBN 978-3-7751-6216-6
Bestell-Nr. 396.216

Stimmen zum Buch

»›Sorgen raus, Freude rein‹ – dieser Titel umschreibt genau, was Bernd Hock in diesem kleinen Buch mit uns vorhat. Aus ganz verschiedenen Blickwinkeln ermutigt er immer wieder dazu, dankbar und fröhlich im Hier und Jetzt zu leben. Warum? Weil Jesus das Grundproblem unseres Lebens schon längst gelöst hat. Eine erfrischende Lektüre!«
DR. MARTIN GRABE, Ärztlicher Direktor der Klinik Hohe
Mark und Past-Präsident der APS

»Begegnungen mit Bernd sind Momente voller Leben. Witz und eine – mitunter unverfrorene – Schlagfertigkeit sind die eine Seite. Das Vermögen, sich in Menschen einzufühlen, denen aktuell das Lachen im Halse stecken bleibt, die andere. Beides habe ich kennengelernt. Und in diesem Buch wiedergefunden.«
UWE HEIMOWSKI, ehemaliger Politikbeauftragter
der Evangelischen Allianz Deutschland (EAD)
und Vorstandsvorsitzender von Tearfund Deutschland

»›Gebt uns ein paar verrückte Leute. Seht, wohin uns die Vernünftigen brachten!‹, soll der Schriftsteller Mark Twain gesagt haben. Bernd R. Hock ist solch ein therapeutisch Verrückter. Nicht, weil er Gartenvögel sprechen hört, sondern weil seine Empfehlungen für radikale Sorgenreduktion aus selbsterlebtem schwersten Leid stammen. Seine unbekümmerte Glaubensheiterkeit ist kein naiv frömmelndes ›positives Denken‹, sondern bezieht ihre Authentizität aus einer spürbaren Haltung der ›Mitleidenschaft‹. Wörtlich.«

ANDREAS MALESSA, Radiojournalist,
Theologe und Buchautor

Bernd, stets mit einem Lächeln auf dem Gesicht, ist einer, der ›aus Scheiße Gold macht‹, wie wir Jesusfreaks gerne zu sagen pflegen. Das personifizierte positive Gemüt – der hat so viele Menschen schon einmal zum Lachen oder Lächeln gebracht. Und plötzlich beschreibt er in diesen Zeilen, dass für ihn viele Jahre das Thema ›Sorgen‹ eine große Belastung war. Bereits das erste Kapitel hat es in sich. Bernd berichtet von einem imaginären Sturz im Treppenhaus, der hätte viel schlimmer ausgehen können. Die Art und Weise, wie er es erzählt, ist so lebhaft und bildlich, dass man in der Szenerie geradezu danebensteht, ja vielleicht sogar mit ihm runterfällt, in das nächste Stockwerk. Aus dieser zunächst imaginären Geschichte, die sich viel später tatsächlich ähnlich ereignet, entwickelt sich ein Ratgeber zum Thema Sorgen und der Notwendigkeit, im Moment zu leben. Was das Buch wirklich auszeichnet, ist, dass nicht nur schnöde Theorie, sondern ganz viel eigenes Erleben und tatsächliche Praxis mit eingeflochten werden.

Ein leicht zu lesendes Buch, das ich ausnahmslos jedem zur Lektüre empfehle.«

MARTIN DREYER, Volxbibel-Mann, Autor und Vater

**Meinem geliebten Freund »Mecki«
Manfred Schlömerkämper**

Ein wahrer Mann Gottes,
dem ich tief vertraut habe,
der stets voller Zuversicht
im »Jetzt« verweilte,
jeden Moment gelebt hat,
einen puren Glauben in sich trug,
viel zu früh diese Erde verlassen hat
und nun seit einigen Jahren
sehen und erleben darf,
was er geglaubt hat.

Inhalt

Prolog

»Moooment!«

»Moment Mal, Freundchen!«

»Einen Moment bitte!«

»Bitte gedulden Sie sich einen Moment.«

Ganz gleich mit welcher Betonung und in welchem Zusammenhang ein solcher Ausspruch getätigt wird – ob als Einspruch, als Widerspruch, als Ermahnung oder einfach nur als sachlicher Hinweis: In jedem Fall wirkt er wie ein Stoppschild, wie eine Zäsur, eine Unterbrechung.

Jetzt hier nicht so weiter. Erst mal nicht.

Mit Zwangspausen kenne ich mich gut aus. Aufgrund meiner verschiedenen körperlichen Krankheiten und meiner angeborenen Schwerbehinderung wurde ich immer wieder abrupt aus dem Alltag gerissen und musste mich verschiedenen medizinischen Behandlungen oder Operationen unterziehen.

Darüber berichte ich ausführlich in meiner Autobiografie »Immer im Rampenlicht – Mit Gott auf der Bühne und hinter den Kulissen«, die im Jahr 2020 im SCM Verlag erschienen ist.

Doch in diesem Büchlein geht es um andere Unterbrechungen, um andere Augenblicke, andere Momente: Um Momentaufnahmen.

Moment-Aufnahmen, Aufnahmen von Momenten, die bewusste Aufnahme des Moments.

Nehmen Sie ganz bewusst den aktuellen Moment auf.

Aber bitte! Ich bitte Sie ganz eindringlich: Nicht mit der Kamera Ihres Mobiltelefons!

Glauben Sie mir. Sie müssen Ihr lecker angerichtetes Essen nicht fotografieren und in den sozialen Medien posten, bevor Sie es genießen. Im ungünstigsten Fall sind Sie erst nach dem x-ten Versuch mit der Aufnahme zufrieden und die leckere und vielleicht teure Mahlzeit ist bereits kalt geworden.

Ihr Schöpfer, Gott höchstpersönlich, hat einen umfangreichen, internen Speicher tief in Sie hineininstalliert, auf dem die schönen Erinnerungen des Lebens bis ins hohe Alter abrufbereit sind.

Okay, vielleicht haben Sie im Alter von 82 Jahren das sensationell angerichtete Safranrisotto im Sternerestaurant vergessen, wenn Sie es nicht fotografiert haben. Aber so ein Foto als Post in Ihrem Status interessiert weit weniger Menschen, als Sie vielleicht annehmen. Sie teilen ein Bild, aber nicht die Freude.

Diese Lebensfreude, die Ihnen der Moment mit dem Safranrisotto im Restaurant beschert, die sollten Sie zunächst einmal überhaupt nicht teilen (außer mit den Leuten, die mit Ihnen am Tisch sitzen), sondern einfach direkt in sich aufnehmen und bis zum Anschlag genießen.

Es geht darum, Leben wieder bewusst wahrzunehmen. Tief in sich hineinzulassen. Es nicht nur in einem externen Speicher, einer Cloud abzuspeichern, in der irgendwann so viele digitale Erinnerungen lagern, dass man 143 analoge Lebensjahre benötigen würde, um das Bild- und Videomaterial an einem Bildschirm zu betrachten.

Ein Stück weit durfte ich dieses analoge Leben im Jetzt wieder neu, selbst lernen, während ich dieses Buch geschrieben habe. Durch einen Unfall wurde ich körperlich und seelisch dazu gezwungen, den Wahrheitsgehalt meiner Behauptungen in diesem Buch schmerzlich zu überprüfen.

Während ich also in der Theorie noch damit beschäftigt war, die Worte dieses Büchleins kraftvoll und ausdrucksstark in die Tastatur meines Computers zu hämmern, ließ Gott eine praktische Prüfung zu, die mir so einiges abverlangte.

Als besonders wertvoll habe ich dabei die Erkenntnis empfunden, dass sich meine Sorgen und Ängste dann besonders gut wegräumen lassen, wenn ich den Moment lebe und im Moment lebe. Eben in der Gegenwart, nicht in der Vergangenheit oder der Zukunft. Nicht im »Wie es einmal war« und nicht im »Wie es einmal sein wird«, sondern im »Wie es gerade ist«.

Werden meine Erkenntnisse auch Ihnen helfen? Meine Beispiele, meine Übungen?

Ich denke ja. Ich bin sogar sicher.

Haben Sie Lust, ganz neue Momente in Ihrem Leben zu erleben?

Haben Sie Lust, die Momente in Ihrem Leben ganz neu zu erleben?

Dann probieren Sie einfach aus, was Sie hier lesen.

Ich will sehr praktisch bleiben mit diesem Ratgeber. Am Ende der Kapitel gibt es deshalb einen »Praktischen Moment« und einen »Humorvoll-satirischen Moment« für mehr Lebensfreude. Beim praktischen Moment schlage ich konkrete kleine Übungen vor, die das Gelesene besser erlebbar machen. Beim humorvollen Moment erzähle ich einfach einen meiner Lieblingswitze, die ich als »DER RAMPENBÄR« (mein Künstlername) regelmäßig auf meinem YouTube-Kanal präsentiere.

Auch werde ich viel von mir schreiben, viele Erlebnisse aus meinem eigenen Leben berichten. Nicht weil ich einen übersteigerten Hang zur Selbstdarstellung unbedingt zwischen zwei Buchdeckeln veröffentlicht wissen will, sondern weil ich als staatlich anerkannter Heilpraktiker für Psychotherapie ständig erlebe, dass es Menschen besonders gut weiterhilft, wenn sie glaubhaft erleben, dass andere Menschen in ähnlichen Situationen durch die Berücksichtigung verschiedener Dinge neue Lebensqualität gewonnen haben.

Fahren Sie also rechts ran, atmen Sie tief durch und machen Sie sich tief in Ihrem Inneren bewusst: »Gestern habe ich über/erlebt, morgen ist noch nicht da und heute ist jetzt, heute ist im Moment!«

Fangen Sie an, die Gewissheit in sich zu genießen, dass Lebensfreude am schnellsten wieder entsteht, wenn Sorgen aus dem Weg geräumt wurden.

Genießen Sie das verblüffte und dennoch faszinierte Gesicht Ihres Gegenübers im nächsten Gespräch, das vielleicht so aussehen könnte:

»Hey, sag mal, musst du nicht …?«

»Pssst! Moment, ich lebe gerade!«

Bernd R. Hock

Pinneberg im Juni 2023

1

Besuch vom Meisenmann

»Scheiße!«, rief er aus und dachte im gleichen Moment, dass er noch vor einigen Jahren, als er versuchte besonders fromm zu leben, in einer solchen Schrecksekunde wohl eher »O Gott!« oder »Jesus!« ausgerufen hätte.

Ob Bewahrung die Folge dieses Bekenntnisses gewesen wäre? Vielleicht. Bestimmt sogar! Doch jetzt hüllte sich blitzschnell alles in Dunkelheit und Angst.

Das Treppenhaus drehte sich vor seinen Augen. Polternd stürzte er die sechzehn Stufen hinunter, die das Ober- vom Erdgeschoss trennten, knallte dabei mehrfach mit dem Hinterkopf an die Hauswand und schlug unten hart auf dem Fliesenboden auf.

Für einen Stuntman wäre das Ganze ein Klacks gewesen und wahrscheinlich ohne jeglichen Kratzer abgegangen. Aber mit seinem Übergewicht und seiner Körperbehinderung, seinen kurzen, schmalen Armen und seinen deformierten Händen konnte er sich nicht abfangen oder festhalten, um Verletzungen zu verhindern.

Wie ein nasses Handtuch, das man nach Gebrauch im Hotel achtlos auf den Badezimmerboden wirft, lag er da und atmete schwer.

Immerhin, er atmete. Noch.

Schmerzen? Schmerzen hatte er keine. Eine Tatsache, die ihn jedoch keineswegs zuversichtlich stimmte. Ganz im Gegenteil, denn er spürte überhaupt nichts. Keinerlei Gefühl in seinen Gliedmaßen.

Querschnittlähmung? Querschnittlähmung!

Wie ein monströser, krachender Donner schlug die Angst in meinen Schädel ein.

Moment! Das war doch gerade ein echter Donner?!

Ich war so tief in meinen Katastrophengedanken versunken, dass ich gar nicht mitbekommen habe, wie sich eine wolkenverhangene dunkle Gewitterfront vor die Sonne geschoben hat.

In der Realität sitze ich nämlich in meinem Liegestuhl auf der Terrasse, direkt an meinem kleinen idyllischen Gartenteich.

»Trotzdem, ich brauche dringend neue Hausschuhe! Die alten sind viel zu ausgelatscht und kaputt. In diesen Pantoffeln habe ich einfach keinen richtigen Halt mehr!«

Die ersten hilfreichen Gedanken seit über einer Dreiviertelstunde. Seit ich auf der Treppe seitlich aus dem linken Hausschuh gerutscht bin, das Gleichgewicht verloren habe und mich gerade noch im allerletzten Moment ausbalancieren und einen Sturz verhindern konnte.

Ich bin buchstäblich mit dem Schrecken davongekommen, von dem ich mich jetzt im Liegestuhl auf der Terrasse in der Sonne erholen will.

Anstatt diese Erholung mit dankbaren inneren Betrachtungen über den glimpflichen Ausgang einzuleiten und innerlich zu frohlocken, male ich mir jedoch in den dunkelsten Farben aus, was alles hätte passieren können.

Ein Sturz treppab, mein Anfang vom Ende.

Düstere Fantasien, wie die eben beschriebene, als sehr real verkleidet, beherrschen mein Denken und schieben die Angst etwas tiefer in mein Herz wie eine übel riechende Schlammlawine in ein gerade noch ordentliches und schön dekoriertes Wohnzimmer.

Im Teich versuchen die Fische, Futterreste von den Seerosenblättern zu saugen. Meine beiden Spiegelkarpfen Gustav und Gerlinde schmatzen direkt neben mir Löcher in die Luft, schauen mich mit großen Augen an und betteln um einen Nachschlag. Sie wissen: Wenn der große Schatten geworfen wird, dann gibt es meistens Futter.

Die beiden entlocken mir ein Lächeln. Irgendwie haben sie mit ihrer unbeschwerten Art immer eine beruhigende Wirkung auf mich. Die haben ja auch gut schwimmen und schmatzen, brauchen vor nichts Angst zu haben. Für den Graureiher sind sie zu dick und darauf, dass sie niemals, weder Weihnachten noch Silvester, vom Gartenteich auf den Festmahlsteller wechseln werden, habe ich Ihnen mein Wort gegeben.

Für einen Moment stoppen die beiden mein Karussell der negativen Gedanken.

»Ihr bekommt jetzt nichts. Ihr hattet heute schon!«, spreche ich meine Fische an und schon dreht sich das Fahrgeschäft von Neuem:

Wäre ich so aufgewachsen wie meine beiden Karpfen, Gustav und Gerlinde – eingesperrt in ein begrenztes Gehege, nur zu bestimmten Zeiten Nahrung, ausschließlich gesunde Sachen in einer vernünftigen Menge und ein Fastentag pro Woche –, ja, hätte ich mich die letzten 55 Jahre so ernährt, wäre ich in dieser Weise kontrolliert gefüttert worden, es könnte sich heute noch jemand zu mir auf die Liege legen und meine Pobacken würden nicht rechts und links über die Kanten der Liegefläche quillen. Ich wäre nicht so stark übergewichtig.

Immer neue brutal negative Gedanken springen auf das Karussell:

Bestimmt werde ich diese Unmengen an zu vielen Kilos nie wieder los, und wenn doch, dann werden Hautfalten zurückbleiben wie bei einem alten Elefantenbullen.

Schon wieder denke ich ausschließlich negativ, schon wieder mache ich mir Sorgen und Sorgen und Sorgen. Doch erneut wird die Karussellfahrt abgebremst, diesmal von einem Kohlmeisen-Männchen am Bachlauf meines Gartenteichs.

Der Meisenmann hat sich unbemerkt auf dem großen Stein am Bachlauf niedergelassen, nimmt mich mit seinen zierlichen Augen ins Visier und beginnt sein Lied zu zwitschern. Und wie dereinst Doktor Dolittle glaube ich, den Text übersetzen zu können:

»Hör zu, großer Hock – zizibäh!
Nicht, dass du denkst – zizibäh –, dies sei dein Garten.
Nein! Das ist mein Revier! Hier bin ich der Chef – zizibäh!
Leg dich bloß nicht mit mir an – zizibäh ziiiziiibääh!«

Dabei singt der Vogel in einer Lautstärke, die mich ziemlich beeindruckt. Wo nimmt dieses halbe Hähnchen den Resonanzkörper für einen solch fulminanten Gesang her?

Ob das Kohlmeisen-Männchen sich darüber selbst schon einmal sein kleines Köpfchen zerbrochen hat? Er sieht nicht so aus. Der kleine Piepmatz singt, als gäbe es für ihn kein Morgen.

Für dich gibt's ja auch kein Morgen, denke ich, diesmal keineswegs negativ. Der Vogel macht mit seinem fröhlichen Gesang und seinen lustigen Bewegungen einen Bibelvers in mir lebendig. Genau genommen ist es nicht das Vögelchen, es ist der Heilige Geist, der die Begegnung mit dem gefiederten Freund benutzt, um sie in meinem Herzen mit einem Vers aus dem sechsten Kapitel des Matthäusevangeliums zu verknüpfen. Er verleiht den Versworten eine Kraft, die Freude in mir wirkt.

In Matthäus 6,26 heißt es, frei nach Hock am Teich:

Sieh den Meisenmann an deinem Gartenteich an, Bernd. Er sät nicht und erntet nicht, sammelt keine Vorräte und macht sich keine Gedanken über das Kräfteverhältnis zwischen dir und ihm, und Gott versorgt und schützt ihn doch.

Ich hole mein Mobiltelefon aus der Brusttasche, öffne die Bibel-App und lese der Kohlmeise, den Fischen und mir selbst laut mein Lieblingsgleichnis vor, zu dem dieser Vers gehört (Matthäus 6,25-34):

Darum sage ich euch: Sorgt euch nicht um euer Leben, was ihr essen und trinken werdet; auch nicht um euren Leib, was ihr anziehen werdet. Ist nicht das Leben mehr als die Nahrung und der Leib mehr als die Kleidung?

Seht die Vögel unter dem Himmel an: Sie säen nicht, sie ernten nicht, sie sammeln nicht in die Scheunen; und euer himmlischer Vater ernährt sie doch. Seid ihr denn nicht viel kostbarer als sie? Wer ist aber unter euch, der seiner Länge eine Elle zusetzen könnte, wie sehr er sich auch darum sorgt?

Und warum sorgt ihr euch um die Kleidung? Schaut die Lilien auf dem Feld an, wie sie wachsen: Sie arbeiten nicht, auch spinnen sie nicht. Ich sage euch, dass auch Salomo in aller seiner Herrlichkeit nicht gekleidet gewesen ist wie eine von ihnen.

Wenn nun Gott das Gras auf dem Feld so kleidet, das doch heute steht und morgen in den Ofen geworfen wird: Sollte er das nicht viel mehr für euch tun, ihr Kleingläubigen? Darum sollt ihr nicht sorgen und sagen: Was werden wir essen? Was werden wir trinken? Womit werden wir uns kleiden? Nach dem allen trachten die Heiden. Denn euer himmlischer Vater weiß, dass ihr all dessen bedürft. Trachtet zuerst nach dem Reich Gottes und nach seiner Gerechtigkeit, so wird euch das alles zufallen.

Darum sorgt nicht für morgen, denn der morgige Tag wird für das Seine sorgen. Es ist genug, dass jeder Tag seine eigene Plage hat.

Direkt nachdem ich den letzten Vers gelesen habe, beginnt Herr Kohlmeiserich wieder mit seinem Zizibäh. Vielleicht hat er aber auch schon während meiner Schriftlesung weitergezwitschert und es ist mir nur nicht aufgefallen.

Wer von euch vermöchte aber mit all seinem Sorgen der Länge seiner Lebenszeit auch nur eine einzige Spanne zuzusetzen?

Bäm! Voll auf die Zwölf! Unzählige Male habe ich diesen Bibelvers bereits gelesen. Predigten darüber gehört. Selbst darüber gepredigt. Wie oft habe ich schon mit meinen Patientinnen und Patienten über die Wirkungslosigkeit vom »sich Sorgen (machen)« gesprochen. Regelmäßig habe ich die theoretische »Glaubensführerscheinprüfung« zum Umgang mit Sorgen bravourös bestanden und gleichzeitig bin ich doch in der Praxis immer wieder mit Pauken und Trompeten an der ersten Abbiegung »Angst oder Zuversicht« durchgefallen. Zuletzt vor wenigen Augenblicken hier auf dem Liegestuhl.

Doch irgendetwas ist im Moment anders, ist besonders. Vielleicht, weil Vers 26 gerade leibhaftig fröhlich vor mir umherhüpft, singt, was das Zeug hält, und sich augenscheinlich überhaupt keine Sorgen macht.

Obwohl der Kohlmeisenmann nicht weiß, ob er gleich auf dem Rückflug zu seinem Nest bei einer Zwischenlandung von einer Katze totgebissen wird, gegen eine Glasscheibe knallt und sich das Genick bricht oder ob er es zwar gesund zu seinem Nest schafft, dieses aber mittlerweile von Elstern ausgeraubt worden ist.

Während ungefähr zehn Schritte von mir entfernt unser Kühlschrank mit Nahrungsmitteln gefüllt ist und auch sonst genügend Vorräte in unserer Küche lagern, ist der Piepmatz darauf angewiesen, dass er gleich noch Insekten oder Körner findet.

Es ist mehr als offensichtlich:

Der Vogel zwitschert sein Zizibäh im Jetzt.

Ich dagegen lebe meist im Vorhin oder im Nachher. Schwelge in Erinnerungen oder sorge mich um die Zukunft.

Irgendwie bin ich immer weg und dies ist insofern besonders bedauerlich, da das Jetzt schon im nächsten Augenblick wegfliegt und Vergangenheit ist.

Heute ist morgen schon gestern!

Moment!

Ich fasse einen Entschluss:

Ich will die Sorgen aus dem Weg räumen und der Lebensfreude Platz machen! Ich lebe gerade, gerade jetzt!

Sofort blähen sich wieder Fragezeichen in meinem Verstand auf:

Funktioniert so ein Leben im Jetzt denn?

Kann man Sorgen aus dem Weg räumen?

Ist ein sorgenfreies Leben überhaupt möglich?

Bergen Worte aus der guten alten Bibel tatsächlich eine verändernde Kraft in sich?

Knallt man beim Sprung vom Dreimeterbrett in den Swimmingpool des Glaubens am Ende nicht doch auf dem Sorgen-

Beton hart auf die Fresse, weil einfach nicht genügend Wasser im Becken ist?

Doch in diesem Moment hält ein kognitives Ausrufezeichen dagegen:

Wenn Gott wirklich die Liebe, wenn er wirklich allmächtig ist, wenn stimmt, was zwischen den Büchern Genesis und Offenbarung niedergeschrieben wurde, dann muss ein Glaubensleben, in dem sich Angst und Sorgen in der Liebe Gottes auflösen, möglich sein.

Oder doch nicht?, muckt sofort wieder ein Fragezeichen auf.

Was heißt das, zuallererst nach Gottes Gerechtigkeit zu trachten?

Weiß Gott wirklich, was ich brauche und was nicht?

Wird er für mich sorgen, auch wenn ich nicht alles krampfhaft kontrolliere und bis zu meinem 80. Lebensjahr organisiere und vorplane?

Wenn ich wirklich praktikable und halbwegs schlüssige, reale Antworten auf all diese Fragen erhalte, dann will ich ein Buch darüber schreiben.

So dachte ich einst auf meiner Terrasse am Teich und jetzt haben Sie bereits in genau diesem Büchlein gelesen. Sie halten es immer noch in Ihren Händen, haben also nicht nach den ersten Zeilen verärgert den Entschluss gefasst, es jemandem zu schenken, den Sie nicht leiden können, noch haben Sie es gelangweilt direkt ins Bücherregal gestellt und den Hausstaubmilben zum Fraß vorgeworfen.

Wie schön. Möge im Verlauf dieser Lektüre immer wieder Helligkeit in die dunkelsten Ecken Ihres Innersten hineinbrechen

So wie die Sonnenstrahlen plötzlich durch die Wolkendecke brachen, als ich einst auf dem Liegestuhl am Gartenteich saß. Das Gewitter war vorbeigezogen und donnern hörte ich es nur noch in der Ferne. Gustav und Gerlinde zogen ihre Bahnen und der Meisenmann flatterte munter davon. Zunächst vom Bachlauf auf den Gartenzaun und dann ganz aus meinem Sichtfeld.

Moment!
Was war passiert? Die Begegnung mit dem Vogel hatte etwas in mir angezündet und ich konnte nicht anders, als ihm laut nachzurufen:

»Danke! Danke und zizibäh!«

Dabei hatte ich plötzlich eine ganz klare Auslegung, was Zizibäh auf Kohlmeisisch heißt:

»Moment, ich lebe gerade!«

Der praktische Moment

Nach nahezu jedem Kapitel mache ich Ihnen einen praktischen Vorschlag, damit Sie Ihre eigenen, persönlichen Erfahrungen im Kontext mit dem gerade Gelesenen sammeln können. Eine kleine Hilfe, um einfach mal im Jetzt zu sein, Sorgen aus dem Weg zu räumen und Lebensfreude neuen Platz zu schaffen.

Nehmen Sie sich ungefähr 30 Minuten Zeit und setzen Sie sich in eine ruhige Ecke. Mit »ruhig« meine ich: Seien Sie bei sich. Ziehen Sie sich etwas in sich zurück. Das Ganze funktioniert auch in einem Café, auf einer Parkbank oder irgendeinem anderen Ort. Entscheidend ist nur, dass Sie Ihr »Bitte-nicht-stören-Gesicht« aufsetzen oder sich tatsächlich ein solches Hinweisschild, wie man es aus dem Hotel kennt, um den Hals hängen. Das meine ich ernst!

Lesen Sie jetzt einen Vers aus dem Gleichnis in Matthäus 6,25-34 (gerne Vers 26). Lesen Sie den Vers einfach so runter, so wie Sie die Tageszeitung oder eine WhatsApp-Nachricht lesen: »Seht die Vögel unter dem Himmel an: Sie säen nicht, sie ernten nicht, sie sammeln nicht in die Scheunen; und euer himmlischer Vater ernährt sie doch. Seid ihr denn nicht viel kostbarer als sie?«

Nun legen Sie den Vers kurz zur Seite und nehmen Sie ganz bewusst innerlich Kontakt zu Gott auf. Vielleicht hilft es Ihnen, dabei die Augen zu schließen, aber nicht jeder braucht oder will das (ich zum Beispiel brauche es nicht). Wenn Sie möchten, sprechen Sie ein kurzes Gebet, laut oder in bewussten Gedanken. Auf jeden Fall mit dem Herzen: »Heiliger Geist, gütiger Vater, ich werde nun Vers 26 noch einmal lesen, langsam, Wort für Wort, und bitte dich im Namen Jesu Christi, dass du die Worte mit meinem Leben, meiner gegenwärtigen Lebenssituation ganz praktisch verknüpfst. Lass mich deine Gedanken denken, wenn ich diesen Vers nun noch einmal lese. Amen.«

Jetzt lesen Sie den Vers noch einmal. Extrem langsam. Wort für Wort. Notieren Sie sich direkt jeden Gedanken, den Sie während des Lesens denken, und sei er noch so absurd. Ich kann mir gut vorstellen, dass sich störende Gedanken wie: »Ich habe ja das Hackfleisch noch gar nicht aufgetaut und heute Abend soll es doch Chili con Carne geben!« auftauchen. (Wenn Sie den notiert haben, dann stört er sie auch nicht mehr, jetzt ist er ja aufgeschrieben.) Aber es kommen eben auch heilige Gedanken aus der intimsten Ecke Ihres Herzens.

Am Ende schauen Sie sich genau an, welche Gedanken Sie notiert haben. Es wird Ihnen nicht schwerfallen, eine kognitive Mülltrennung zu vollziehen. Alles, was Sie beim Durchlesen aufbaut, stärkt, tröstet und Liebe offenbart, ist vom Geist Gottes. Alles Negative kann weg und am Ende tauen Sie das Hackfleisch auf.

Der humorvoll-satirische Moment

In der Zoologieprüfung
Der Professor geht mit einem Biologiestudenten zu einem halb bedeckten Käfig. Unter dem Tuch sind die Beine eines Vogels zu sehen.

»Welcher Vogel ist in diesem Käfig?«, fragt der Professor.

Darauf der Student: »Das weiß ich nicht.«

Der Professor zückt sein Notizbuch und meint kühl: »Ihren Namen bitte.«

Darauf zieht der Student unbeeindruckt seine Hosenbeine hoch und meint: »Raten Sie mal!«

2

Hauptsache viel Balsamico

Bestimmt haben Sie schon einmal Tomate-Mozzarella gegessen. Ich könnte mich da förmlich reinlegen, was wörtlich gemeint eine ziemlich große Schmiererei wäre. Aber ich esse diese Kombination wirklich sehr gerne. Besonders wenn das Ganze gut gewürzt ist. Das Wichtigste dabei ist für mich der Balsamicoessig.

Mozzarella ganz »nackt«, also ohne jegliches würziges Beiwerk, schmeckt nahezu nach gar nichts. Manche schreiben gar im Internet, er schmecke nach fasrigem Papier. Nun kann ich mich nicht erinnern, jemals in meinem Leben Papier gegessen zu haben, aber auf jeden Fall ist »Mozzarella ohne alles« Lichtjahre von einer leckeren Köstlichkeit entfernt.

Die Bibel für sich genommen ist (in der Übersetzung von Martin Luther) zunächst einmal eine Ansammlung von 738 765 Wörtern, aufgeteilt in 31 171 Verse in 1 189 Kapiteln in 66 Büchern. Altbacken, verstaubt, gerade im Alten Testament ziemlich brutal und auch widersprüchlich.

Für mich wurde dieses alte Buch in den letzten Jahren immer mehr zu einem exzellenten Hörbuch. Ein Hörbuch, bei dem ich

keinerlei MP3- oder CD-Player benötige, keine Bluetooth-Kopf-
hörer, keinen Lautsprecher und keine Internetverbindung.

Wie das geht?

Wenn ich bei dieser sehr persönlichen Form der Bibellese
Gott ganz intim begegne, nur er und ich, dann höre ich eben
nicht mit meinen Ohren, sondern mit meinem Herzen. Und der
Vorleser ist der Heilige Geist.

So wie der Balsamicoessig den Mozzarella-Käse in eine leckere Spezialität verwandelt, so verwandelt der Heilige Geist die
Verse der Bibel für mich in Gottes Wort. Der Heilige Geist macht
dann für mich ganz persönlich dieses alte Buch tatsächlich zur
Heiligen Schrift.

»Der Buchstabe tötet, aber der Geist macht lebendig«, heißt
es in 2. Korinther 3,6. Oh ja, und glauben Sie mir: Das stimmt!

Wenn ich diesen Geist Gottes, der seit meiner »Bekehrung«,
seit meinem ganz bewussten Ja zu Jesus Christus, meinem Ja
zum Evangelium am 26. Oktober 1991 in mir steckt, wenn ich
diesen Heiligen Geist, den mächtigsten, liebevollsten und klars-
ten Vorleser, Übersetzer und Aufschließer, in mir aktiviere, dann
wird direkt von Gottes Server in mein Herz gestreamt und ich
werde immer weiter verwandelt, werde immer mehr erfüllt und
geleitet von der Liebe Gottes, die so bedingungslos, so rein, so
pur ist. So ehrlich!

Denn der Heilige Geist ist der Geist der Liebe! Ein echter
Befreier! Der Befreier überhaupt.

Ich werde immer freier.

Freier von Angst.

Freier von Traurigkeit.

Freier von Schmerzen.

Freier von Leistungsdruck.

Freier von Minderwertigkeitsdenken.

Freier von Perfektionismus.

Freier von Sorgen.

Wichtig und beachtenswert dabei ist: Der Heilige Geist ist ein Gentleman. Er hat so gar nichts mit den Charakteristika meines Künstlernamens »Der Rampenbär« (abgeleitet von »Rampensau«) zu tun. Im Gegensatz zu mir liebt der Göttliche Geist die leisen Töne. Der Teufel dagegen ist ein Polterer. Er rülpst und furzt ständig in meiner Nähe. Versucht, aus guter Luft schlechte zu machen. Versucht mit all seinen lauten Fratzen und Drohgebärden Angst und Furcht am Köcheln zu halten.

Muss er ja auch. Schließlich agiert er im Außen. Nur im Außen! Mit mir in meinem Schlafzimmer, in meinem Bett liegt der Geist Gottes. Der Teufel muss vom Hausflur aus agieren und hat es daher sehr nötig, andauernd laut gegen die Tür zu poltern.

Der Satan ist ein aufdringlicher Bedränger, der nur eines im Sinn hat: 24/7 möchte er meine Glaubensbeziehung mit Gott gestört und von mir infrage gestellt wissen, will Vertrauen zerstören. Und während der »Gott dieser Welt«, wie ihn die Bibel in 2. Korinther 4,4 nennt, gegen meine Fenster spuckt und vor meiner Tür alles mit übel riechender Galle vollkotzt, ruht der

Heilige Geist in tiefer Entspanntheit in mir, ähnlich wie Jesus, als er mit seinen Jüngern im Boot von einem heftigen Sturm heimgesucht wird. Während sich die Jünger vor Angst fast ins Gewand machen, schläft Jesus in tiefer Glaubenszuversicht (beschrieben in Markus 4,35-41).

Dabei ist der Geist Gottes in mir trotzdem höchst wachsam und ebenfalls 24/7 in Bereitschaft, dabei aber niemals alarmiert oder gar panisch. Er hat einfach immer Sprechzeit. Ich kann rund um die Uhr Kontakt zu ihm aufnehmen, ihn um Rat fragen und ihn um alles bitten. Da läuft nie ein automatisierter Anrufbeantworter, der mich nach dreiundzwanzig Minuten Warteschleife wegen Überlastung aus der Leitung wirft.

Spreche ich ihn an, so gibt er Antwort. Immer!

Der Heilige Geist ist das Göttliche in mir. Er ist der, der mir durch das Erlösungswerk von Jesus Christus am Kreuz und in der Auferstehung das Bewusstsein schenkt, dass ich geistlich aus einer göttlichen Substanz bestehe, ein Kind Gottes bin.

Doch dieser Geist der Liebe, der Geist Gottes in mir, drängt sich niemals auf. Er lässt mich ganz frei. Dabei macht er mir ganz persönliche Angebote der Liebe und der Erkenntnis.

Ein solches war auch die Begegnung mit dem Kohlmeisen-Männchen auf meiner Terrasse, und ich konnte es mit meinem Herzen erkennen. Auch dies hat der Heilige Geist gewirkt. Er war es, der aus der Gemeinschaft von Bernd, Fischen und Meisenmann eine erfolgreiche Selbsthilfegruppe gegen die Angst formiert hat.

Moment!

»Bernd, sieh die Vögel an!«

   Alles klar! Das mache ich!

Jetzt!

Sind Sie dabei? Auf geht's!

Der praktische Moment

Ziehen Sie sich, sobald es Ihnen möglich ist, an den Ort zurück, an dem Sie jetzt sein wollen. Erklären Sie Ihrem Mobiltelefon: »Ich lass dich jetzt für eine halbe Stunde alleine. Du musst nicht klingeln oder piepen, ich komme ja wieder zurück! Dort, wo ich kurz hingehe, kann ich dich nicht gebrauchen!«

Machen Sie es sich ganz gemütlich und meditieren Sie ein wenig über die Frage, wer für Sie der Heilige Geist ist. Können Sie ihn auch Geist der Liebe nennen?

Halten Sie die Stille aus, ja halten Sie sie ein wenig fest.

Störende Gedanken lassen Sie einfach durchrauschen wie einen Güterzug, der nach wenigen Augenblicken auch keinen Lärm mehr macht.

Denken Sie ganz konkret über folgende Fragen nach:

Wo gibt es gerade jetzt Liebe in meinem Leben?

Schauen Sie genau hin. Da ist Liebe. Ich bin ganz sicher.

Kann ich mich überhaupt von Gott lieben lassen? Jetzt? Wer ist der Heilige Geist für mich? Will ich mehr über ihn erfahren? Ist er auch für mich ein Befreier? Wo genau bin ich freier geworden?

Bleiben Sie konsequent im Jetzt. Denken Sie nicht darüber nach, wo Sie einmal waren oder wo Sie gerne hinwollen.

Der humorvoll-satirische Moment

Kaffeezeit

Am Nachmittag sitzt ein Gast gemütlich in einem Café und isst ein Stück Kuchen.

Unschlüssig ruft er die Kellnerin zu sich an den Tisch und fragt: »Entschuldigen Sie bitte, ist dies ein Apfel- oder ein Pfirsichkuchen?«

Die Kellnerin antwortet etwas barsch: »Ja schmecken Sie das denn nicht?!«

Der Gast weiter unsicher: »Leider nicht!«

Darauf die Kellnerin: »Na dann ist es doch auch egal.«

3

Eine klare Ansage und die Sorgen von heute

Darum sage ich euch: Sorgt euch nicht um euer Leben ...
Matthäus 6,25

Worauf bezieht sich das Adverb, das Umstandswort »darum«, mit dem der erste Vers unseres Bibeltexts beginnt? Welchem Umstand ist dieses *Darum* geschuldet?

Der thematische Abschnitt, der schon mit Vers 19 anfängt, trägt in der Luther-Übersetzung folgende Überschrift: »Vom Schätzesammeln und Sorgen«.

Ich finde es schon einmal höchst interessant, dass diese beiden nominalisierten Verben und ihre Bedeutungen in einer Überschrift und in einem thematischen Abschnitt zusammengefasst werden, lehren uns doch die Leitsätze und die Werbung für Versicherungen, Altersvorsorge und Vermögensverwaltung im Alltag, dass unser Leben proportional zum stetigen Aufbau eines soliden Vermögens sorgenfrei werden wird.

Selbst als ich schon lange bewusst gläubig war, habe auch ich an diese scheinbare Gesetzmäßigkeit geglaubt, und sie ist bis heute für mich immer mal wieder eine gedankliche Versuchung geblieben. Ich habe mir früher so sehr gewünscht, baldmöglichst Günther Jauch gegenüberzusitzen und mithilfe der Joker souverän die Million abzuräumen. Nicht weil ich unbedingt reich werden wollte, um mir möglichst viel Luxus zu leisten, nein, dies war wirklich nicht der Grund. Ich wollte schlichtweg meine Familie, meine Kinder und meine Frau, finanziell abgesichert wissen. Wollte über so viel finanzielle Rücklagen verfügen, dass ich mir keine Sorgen mehr machen müsste, beispielsweise einmal arbeitslos oder berufsunfähig zu werden.

Von einem der berühmtesten römischen Dichter der Augusteischen Zeit, Quintus Horatius Flaccus, besser bekannt als Horaz, soll der Ausspruch stammen: »Dem wachsenden Reichtum folgt die Sorge.« Recht hat er meiner Meinung nach.

Ich durfte in meinem bisherigen Leben mehreren Millionärinnen und Millionären persönlich begegnen. Mit der einen oder dem anderen verbindet mich noch heute eine wie auch immer geartete Beziehung. Soviel ich weiß, macht sich keine dieser Personen Sorgen darüber, ob sie sich morgen noch etwas zu essen oder zum Anziehen leisten kann. Fast alle allerdings eint die große Sorge, schlichtweg betrogen zu werden. Die Angst, man werde ihnen ihr Vermögen wegnehmen, man wolle nur an ihr Geld, sie könnten doch noch ihr gesamtes Hab und Gut verlieren.

Einmal hielt ich einen Vortrag in St. Moritz in der Schweiz. Bevor ich ans Rednerpult trat, saß ich zum Dinner mit ein paar schwerstreichen Personen an einem Tisch. Keine/r der Damen und Herren nahm so recht Notiz von mir. Die fünf, alle selbstständige Einzelhändler, Juweliere, Mode-Boutique-Besitzer und Ähnliches, unterhielten sich – das ist kein Witz! – über ihre Tageseinnahmen! Ich erinnere mich noch genau, wie der Juwelier erklärte, welche immense Summe er an diesem Tag umgesetzt hatte. Trotzdem waren sich alle einig darüber, dass die Geschäfte lange nicht mehr so gut liefen und existenzielle Sorgen ihre Berechtigung hätten.

Plötzlich drehte sich meine Sitznachbarin zu mir und fragte mich, was ich denn beruflich machen würde. »Ich leite in Hamburg eine Kindertagesstätte und mein Jahresgehalt reicht bei Weitem nicht an die hier diskutierten Tagesumsätze heran«, gab ich wahrheitsgemäß zur Antwort. Sofort schaute ich in fünf mitleidige Augenpaare. Hätte ich in diesem Moment meinen Hut umgedreht auf den Tisch gelegt, ich glaube, alle hätten etwas hineingelegt. Anstatt meinen Hut von der Garderobe zu holen, ergänzte ich: »Ich kann wenig zu Ihrer Unterhaltung beitragen. Lediglich dass ich, wenn ich mein Portemonnaie öffne, jeden Euro mit Namen kenne, genau weiß, wo ich ihn verdient habe, und mir gut überlege, wann und wohin ich ihn weggebe.«

Aber ich will nicht so tun, als hätte mich der ganze Luxus kaltgelassen. Tatsächlich war ich mächtig beeindruckt von ihrem Reichtum.

Nun habe ich Günther Jauch bis heute nicht persönlich kennengelernt und auch mit dem Schätzesammeln ist es bei mir nicht allzu weit her. Doch ich will keinesfalls klagen. Noch keinen einzigen Moment meines Lebens habe ich finanziell Not gelitten, und dafür bin ich Gott sehr dankbar.

Eine weitere Tücke beim Schätzesammeln ist ja auch, dass es die gesamte Lebensaufmerksamkeit in die Zukunft zieht und ein Leben im Jetzt erschwert oder gar verhindert. Das macht auch Matthäus 6,25 deutlich, denn ganz konkret bezieht sich das Wörtchen »darum« auf den Vers davor. Dieser lautet:

Niemand kann zwei Herren dienen: Entweder er wird den einen hassen und den andern lieben, oder er wird an dem einen hängen und den andern verachten. Ihr könnt nicht Gott dienen und dem Mammon.

Dies kann ich persönlich sehr gut nachvollziehen. Als ich anfing, mehr Geld zu verdienen als zu verbrauchen, merkte ich zunächst nicht, welch teuflische Verdrehung in meinem Kopf stattfand. Anstatt mir das Geld dienen zu lassen, es mir dienlich sein zu lassen und es auch anderen anzudienen, begann ich fast unmerklich, meinem Geld zu dienen. Viele Lebensstunden verbrachte ich mit Beratungen, wie ich mein Geld weiter vermehren könnte.

Viele dieser Beratungen waren fachlich bestimmt hervorragend und in ihrem Anliegen zielführend und richtig. Alle jedoch haben mein Bewusstsein in eine Zukunft geführt, von der ich heute noch nicht weiß, ob ich sie jemals erleben werde. Sie haben verhindert, dass ich das Jetzt mit Genuss erlebe. So manche gemütliche Tasse Kaffee gemeinsam mit meiner wunderbaren Ehefrau habe ich dem Anlegen eines Rentenfonds geopfert. Dabei ist hier nicht nur der Ertrag unsicher, es bleibt bis zuletzt vollkommen fraglich, ob meine Frau und ich das Renteneintritts-alter überhaupt erleben werden, denn unsere (Lebens)zeit steht allein in Gottes Hand. Deshalb macht Gott in Matthäus 6,25 eine glasklare Ansage: »Sorgt euch nicht um euer Leben …«

Wenn das Sorgenkarussell bereits Fahrt aufgenommen hat, bewirkt eine solche Ansage in der Regel so gut wie gar nichts. Zum Beispiel, wenn das eigene Kind in der Nacht nicht nach Hause gekommen ist und man es auch nicht erreichen kann.

Ob dann ein lieber Freund wohlmeinend sagt: »Nun mach dir mal keine Sorgen!«, oder ob in China der sprichwörtliche Sack Reis umfällt, kommt dann aufs Gleiche raus. Ein solch pauscha-ler Ausspruch holt uns nicht aus der Zukunftsangst, in die wir von null auf hundert geschossen wurden. Wir wollen Befunde, wollen Beweise. Eine WhatsApp-Nachricht mit dem Inhalt »Sor-ry Mama, mein Handy-Akku war leer und ich habe spontan bei Rebecca übernachtet. Komme nach der Schule nach Hause« wäre dann vielleicht eine gültige Rückfahrkarte ins Jetzt. Nicht aber die Verallgemeinerung »Sorgt euch nicht um euer Leben …«

Wenn ich mir aber bewusst mache, dass diese klare Ansage mir direkt von Gott zugesprochen wird, von meinem Schöpfer, kann es anders aussehen. Nicht zwangsläufig. Ich kann einem – meinem – Schöpfer nur vertrauen, wenn ich glaube, dass es einen Schöpfer gibt, dass Gott mein Schöpfer ist. Genau hier liegt mei-ner Meinung nach der Schlüssel: Vertrauen! Das ganze Evange-lium ergibt nur dann Sinn und entfaltet nur dann eine starke, göttliche Kraft, wenn ich nicht nur an Gott glaube, sondern ihm glaube! Gott vertraue!

»Komm, Bernd, mach dir keine Sorgen!« Wenn überhaupt, kann ich diese Worte nur von einer Person annehmen, der ich wirklich von Herzen vertraue. Sonst mutiert ein solcher Trost, sei er auch noch so gut gemeint, ruckzuck zur Provokation. Zu »Sorge« gesellt sich dann noch »Aggression« und die beiden feiern zusammen Party.

Manches Mal kam der Ärger in solchen Fällen bei mir aber auch daher, dass ich schmerzlich erkennen musste, wie wenig Glauben, wie wenig Vertrauen ich im Ernstfall in Gott habe. Nein, ich muss »hatte« schreiben, denn da hat sich bei mir in den letzten Monaten wirklich was geändert.

Lassen Sie es sich gesagt sein: Gott ist wirklich vertrauenswürdig. Wir können seiner klaren Ansage, uns nicht um unser Leben zu sorgen, daher Folge leisten.

Einige Wochen nach meiner Begegnung mit dem Meisenmann an meinem Gartenteich wurde ich mitten in der Nacht wach und hatte unheimliche Bauchschmerzen. Doktor Satan hatte Nachtbereitschaft, trat ungerufen an mein Bett, tastete meinen Bauch ab und stellte die klare Diagnose: Magenkrebs!

Ich war ganz nah dran, seiner Diagnose zu glauben. Doch dann erinnerte ich mich zum Glück daran, dass ich Chefarztbehandlung genieße. Ich klingelte nach Professor Doktor Heiliger Geist und bat ihn um seine Diagnose. Professor Doktor Heiliger Geist war sofort zur Stelle und machte Doktor Satan unmissverständlich deutlich, dass er zusammen mit seinen Kollegen Doktor Vater und Doktor Sohn sofort die Behandlung von Herrn Hock übernehmen würde. Anschließend verordnete er mir, 1. Petrus 5,7 tief zu inhalieren. Dort heißt es: »Alle eure Sorge werft auf ihn; denn er sorgt für euch.« Ebenfalls eine klare Ansage und ein eindrucksvolles Bild!

Ich nahm mir direkt meine Bibel vom Nachttisch und las den Vers mehrmals. Dann machte ich eine kleine Vorstellungsübung, wie ich sie auch mit den Patientinnen und Patienten in meiner Heilpraktikerpraxis für Psychotherapie immer wieder durchführe. Ich bin mir ganz sicher, dass auch hier der Heilige Geist die Anleitung übernommen hat, denn nach dieser Übung erfuhr ich wirklich eine Veränderung in puncto Sorgenmachen und Vertrauen, die bis heute anhält. Vor meinem geistigen Auge sah ich plötzlich ganz klar und deutlich Jesus Christus. Er stand in einem weißen Gewand auf einem Sportplatz vor mir, lächelte mich an und an seiner rechten Hand trug er einen monströsen Handschuh, der dem Handschuh ähnelte, den der Catcher beim Baseballspiel trägt. Nun sah ich die Angst vor einer tödlichen Krankheit, die Angst vor Magenkrebs als eine braun-schwarze klebrige Masse vor mir, die sich plötzlich zu einem schmutzigen Ball zusammenkneten ließ. Diesen Ball nahm ich und warf ihn mit voller Wucht auf Jesus. Der duckte sich nicht, er verzog nicht einmal sein lächelndes Gesicht. Vollkommen tiefenentspannt hob er seinen rechten Arm und fing den Sorgenball mit seinem Handschuh. Dann wandte er seinen Blick zu seiner Hand. In dem Moment, als er den Ball anschaute, löste sich dieser in zahlreiche Punkte auf, ähnlich wie Goldstaub. Vollkommen beruhigt und befreit schlief ich wieder ein.

Seither ist aus dieser Imagination bei mir ein kleiner Automatismus geworden und ich wende diese Vorstellungsübung konsequent und sofort an, wenn mich Ängste und Sorgen besuchen.

Was soll ich sagen, respektive schreiben? Meist bin ich direkt danach befreit.

»Ist das nicht zu einfach, Herr Hock?«, werden Sie jetzt vielleicht denken. Ja! Das ist einfach!

Doch ich bin von einer Sache felsenfest überzeugt: Die gute Nachricht von Jesus Christus, das Evangelium, ist alles – bloß nicht kompliziert!

Dass ich das Leben mit Gott für wesentlich einfacher halte, als es hinlänglich theologisch beschrieben wird, ändert selbstverständlich nichts daran, dass wir niemals krampfhaft und zwanghaft einen Glaubenshelden mimen sollen, der wir nicht sind. Eine gute Ärztin oder einen guten Psychotherapeuten nehme ich genauso vertrauensvoll aus Gottes Hand wie das innere Bild von Jesus als Baseballcatcher.

Wie oft hat Gott auch mich als Heilpraktiker für Psychotherapie in den letzten dreißig Jahren dazu gebraucht, Menschen zu helfen, ihre Sorgen loszuwerden, sie ein Stück zu heilen. Dabei lehne ich durchaus manchen psychotherapeutischen Ansatz ab, während ich andere befürworte und gerne verwende, beispielsweise die Rational-Emotive Verhaltenstherapie nach Albert Ellis oder die kognitive Verhaltenstherapie. In meiner Praxis arbeite ich sehr gerne nach diesen Ansätzen und helfe den Menschen, ihre negativen Gedanken über sich durch hilfreiche und realistische positive Gedanken zu ersetzen. Dabei sehe ich mich in einer guten biblischen, ja paulinischen Tradition:

> *Lasst euch in eurem Denken verändern und euch innerlich*
> *ganz neu ausrichten.*
> Epheser 4,23; HFA

Zurück zu Matthäus 6. Im zweiten Teil von Vers 25 wird beschrieben, was mit dem Leben, um das man sich nicht sorgen soll, genauer gemeint ist.

> *Darum sage ich euch: Sorgt euch nicht um euer Leben,*
> *was ihr essen und trinken werdet; auch nicht um euren*
> *Leib, was ihr anziehen werdet. Ist nicht das Leben mehr*
> *als die Nahrung und der Leib mehr als die Kleidung?*

In so manchem Vortrag habe ich Robert Lembke zitiert, den Moderator der legendären Ratesendung »Was bin ich?«, der einmal gesagt hat: »Zuerst verbraucht man seine Gesundheit, um zu Geld zu kommen, dann sein Geld, um die Gesundheit zurückzuholen.«

Dieser Ausspruch war für mich lange nur Theorie und ich konnte mir nicht vorstellen, einmal einen praktischen Bezug dazu zu haben. Doch in diesem Augenblick schreibe ich genau diese Zeilen in einem wunderschönen Hotel am Großen Segeberger See in Bad Segeberg. Noch vor zwei Stunden habe ich den Wellnessbereich des Hotels genossen. Sauna, Swimmingpool,

Fußbäder und eine Massage. Dafür zahle ich Geld. Alles, damit mein durch Behinderung und zahlreiche Krankheiten gezeichneter Körper sich wieder ein wenig regeneriert. Habe mich also gerade ordentlich um meinen Leib gesorgt.

Was für ein Luxusproblem im Vergleich dazu, nicht zu wissen, ob ich morgen noch etwas zu essen haben werde oder woher ich einen warmen Mantel für den Winter bekommen soll. Dies sind sehr bedeutende Fragen für das Leben, ja sie sind ganz elementar für das Überleben. Es ist kaum zu verstehen, doch auch in einem so wohlhabenden Land wie Deutschland gibt es viele Menschen, nach meinem Dafürhalten viel zu viele, die wirklich nicht wissen, ob sie morgen ihren Kindern und sich eine Mahlzeit kochen oder sich der Witterung gemäß anziehen können.

Wow! Was sind das alles für wunderbare Menschen, die sich in unserem Land im Bereich der Tafeln, der Obdachlosenhilfe, der Nachbarschaftshilfe, der Hausaufgabenhilfe oder in ähnlichen Projekten engagieren. Alles Engel! Sie lassen die zweite Bedeutung des Wörtchens »sorgen« Realität werden, die goldene Seite dieser Medaille. Sorgen füreinander. Sorgen für bedürftige Menschen, sie versorgen, und zwar jetzt! So viele wunderbare Menschen sorgen dafür, dass die elementaren Bedürfnisse anderer wunderbarer Mitmenschen, die in Not geraten sind, befriedigt werden.

Irgendwie schäme ich mich fast ein wenig dafür, dass es diese Helferinnen und Helfer überhaupt geben muss, in einem Land mit so viel Reichtum. Wenn Sie, die oder der Sie jetzt gerade mein Büchlein lesen, sich in so einem sozialen Bereich engagieren, dann nehmen Sie bitte mein ganz herzliches Dankeschön, meine tiefe Hochachtung ganz bewusst in Ihr Herz auf! Ich danke Ihnen ganz ausdrücklich!

Ich bin also immer wieder erstaunt darüber, wie hochaktuell die Worte der Bibel weiterhin sind. Heute machen sich viele Menschen in unserem Land und weltweit Sorgen darüber, dass alles immer teurer wird. Haben Angst, die Energiekosten nicht mehr stemmen zu können oder dass ihr Geld aufgrund der drastisch gestiegenen Preise nicht mehr für Lebensmittel reichen wird.

In diesem Buch möchte ich nicht politisch werden, daher nur so viel: Ich bin so unendlich dankbar dafür, dass Gottes Geist mir die göttliche Liebe immer tiefer und immer konkreter offenbart und ich nicht in allererster Linie einer Bundesregierung vertrauen muss, auch wenn sie noch so gute Arbeit leistet, sondern Gott glauben darf, dass er für mich sorgen wird, weil Gott es nur gut mit mir meint.

Das alles bedeutet ja nicht, dass ich mich um nichts kümmere und einfach meine Hände in den Schoß lege. Konkret ist mir dies gar nicht möglich. Meine Arme sind viel zu kurz, sie reichen nicht einmal bis zum Bauchnabel.

Genau in diesem Bereich sehe ich mich glaubensmäßig einer großen gedanklichen und emotionalen Herausforderung gegenüber: »Sorgt euch nicht um euren Leib ...« Das liest sich so einfach und es lässt sich auch locker von einer erhöhten Kanzel über die einzelnen Menschen und ihre individuellen Schicksale hinweg predigen.

Den Vergleich mit den Schäfchen lasse ich, wenn überhaupt, nur im direkten Bezug zu Jesus Christus und seinen Nachfolgerinnen und Nachfolgern zu. Persönlich habe ich mich niemals in meinem gesamten Christenleben als ein Schaf irgendeiner Pastorin oder eines Pastors gefühlt. Stets war es mir wichtig, als ein mündiges Gemeindemitglied wahr- und ernst genommen zu werden.

Immer wieder habe ich mir das Recht herausgenommen, den Buchstaben e im Wörtchen »wieder« zu streichen und es mit dem Wort »setzen« zu verbinden. Wenn der Pastor also nach dem Eingangsgebet der Gemeinde zusprach: »Ihr dürft euch wieder setzen«, habe ich mir Apostelgeschichte 5,29 (»Man muss Gott mehr gehorchen als den Menschen«) vergegenwärtigt, indem ich gedanklich aus den Worten des Pastors »Ihr dürft euch widersetzen« machte. Ich bin so froh und dankbar dafür, dass Vater, Sohn und Heiliger Geist direkt mit mir reden und nicht in erster Linie über mich. Das unterscheidet sie von einer Bischofskonferenz, einer Kirchenvorstandssitzung, einem Presbyterium oder einem Ältestenrat.

»Sorgt euch nicht um euren Leib …« hatte für mich als gläubiger Mann stets eine andere Bedeutung, bin ich doch in einer Zeit geboren, in der mich das ZDF unter Schirmherrschaft von Wim Thoelke ganz offiziell ein »Sorgenkind« nannte.

»Sorgt euch nicht um euren Leib …«

Leider habe ich es bisher noch kein einziges Mal erlebt, dass nach einem Toilettengang, wenn ich Schwierigkeiten hatte, mit meinen kurzen Armen an die Unterhose zu kommen, ein Engel in das Badezimmer geflattert kam wie die Kohlmeise am Gartenteich, mir schwuppdiwupp die Hosen hochzog, den Reißverschluss und den Gürtel verschloss und auch noch den Pullover hinunterzog. Aber dies alles macht mir kaum noch Probleme.

Ich habe gelernt und weiß heute, dass ich mit Gott nicht auf die Kampfmatte treten muss, um mit ihm um kleinteilige Glaubensbeweise zu ringen. Ich habe aufgehört, Gott nur im Außen zu suchen und erst dann an ihn zu glauben, wenn sich alle widrigen Umstände in christliches Wohlgefallen aufgelöst haben. Ich stelle Gottes unbeschreiblich große Liebe heute einfach nicht mehr infrage. Basta! Äh – Amen!

Gleichzeitig versuche ich nicht, meine viel zu kurzen Arme in den Schoß zu legen, sondern will natürlich weiter fleißig sein und mich um mich, meinen Lebensunterhalt und meine Mitmenschen kümmern.

Gegen das Kümmern an sich ist ja auch überhaupt nichts einzuwenden.

Moment!
Kümmern heißt: Ich bin da! Kümmern findet im Jetzt statt. Auch hier achte ich ganz konsequent auf einzelne Buchstaben, achte darauf, dass die beiden Punkte auf dem u und das n nicht verloren gehen. Dass aus dem Kümmern kein Kummer wird und ich dann doch wieder ins Sorgen abrutsche.

Der praktische Moment

Gibt es drei Menschen, denen Sie wirklich von Herzen vertrauen? Notieren Sie ihre Namen. Dann selektieren Sie noch einmal, bis Sie die Person vor Augen haben, der Sie in Ihrem Leben am meisten Vertrauen schenken. Rufen Sie sich ganz konkrete Situationen in Erinnerung, in denen Sie dieser Person vertraut haben. Versuchen Sie zu skizzieren, warum Sie genau dieser Person vertrauen. Was sind die stärksten Eigenschaften dieses Menschen? Nun rufen Sie diese Person an. Sofort! Nicht warten! **Jetzt** ist die Devise. Nehmen Sie Kontakt zu der Person auf, sagen Sie ihr kurz, dass Sie ihr vertrauen und warum Sie ihr vertrauen.

Kreieren Sie Ihre ganz eigene, persönliche Vorstellungsübung, wie Sie Gott glauben. Wie Sie Gott vertrauen. Lassen Sie 1. Petrus 5,7 ganz plastisch werden. Werfen Sie Ihre Sorgen auf Christus. Malen Sie ein Bild, schreiben Sie ein Gedicht, singen Sie ein Lied, entwickeln Sie einen Tanz. Was auch immer. Wie auch immer. Aber drücken Sie Gott Ihr Vertrauen aus: Jetzt!

Wenn Sie schon länger überlegen, sich vielleicht etwas um die alleinstehende alte Dame aus dem dritten Stock zu kümmern, sie zu fragen, ob Sie ihr beim Einkaufen helfen können, ihre Fenster putzen oder ab und zu mit ihrem Königspudel Gassi gehen sollen, dann werden Sie jetzt konkret! Genau jetzt!

Schmeißen Sie dieses Buch kurz in die Ecke, gehen Sie ins Treppenhaus, steigen Sie nach oben oder unten, klingeln Sie bei Ihrer Nachbarin und fragen Sie sie, ob Sie sich kümmern dürfen!

Wenn dabei noch ein Cappuccino und ein Stück Käsekuchen für Sie abfällt, warum nicht? Gott ist gut – jederzeit!

Der humorvoll-satirische Moment

In der Bank

Ein Millionär kommt zum Bankschalter: »Gestern bei der Auszahlung haben Sie sich leider um 10 000 Euro verzählt.«

Darauf der Bankangestellte: »Entschuldigen Sie bitte, aber mit Verlaub, das kann ja jeder behaupten. Das ist nun wirklich zu spät! Sie hätten es gleich gestern reklamieren müssen. Heute kann ich in dieser Angelegenheit nichts mehr ändern.«

Der Millionär entgegnet höflich: »Schon gut, kein Problem! Dann behalte ich die 10 000 Euro.«

4

Seht!

Wenn ich jetzt nicht gleich einen Parkplatz finde, dann komme ich zu spät zu meinem ersten Teamcoaching und mache gleich mal einen schlechten Eindruck! So ein Mist!

Zum x-ten Mal fahre ich mit meinem VW Touran in Hamburg-Altona ums Karree. Dreißig Stundenkilometer sind erlaubt, ich fahre sogar etwas langsamer, will ja auf keinen Fall eine Parklücke übersehen und bewege mich mit meinem Pkw auf eine Ampelkreuzung zu, bei der sich von rechts eine junge Frau strammen Schrittes mit einem Kinderwagen nähert. Schade! Ich habe grün!, denke ich, denn ich hätte viel lieber angehalten. Vielleicht würde ja gerade jetzt jemand wegfahren und mir einen Parkplatz frei machen. Ich schaue nach rechts, ich schaue nach links, dann wieder nach vorne auf die Ampel, die leider nicht mal gelb anzeigt, sondern immer noch voll grün für mich leuchtet.

Nicht also ich muss bremsen, sondern die junge Frau mit dem Kinderwagen. Tut sie aber nicht.

Mit der linken Hand schiebt sie das Baby und in der rechten hält sie ihr Smartphone, das sie mit ihrem Blick fixiert. Sie schaut weder nach vorn noch nach links noch nach rechts, einfach nur auf ihr Handydisplay. Ich fasse es nicht!

Die junge Mutter läuft mit ihrem Kind einfach weiter auf die Straße, direkt vor mein Fahrzeug. In meinem Schreck schreie ich nicht »Scheiße!« wie neulich auf der Treppe, sondern: »Jesus!!!« Gleichzeitig haue ich mit einer solchen Wucht mit meinem rechten Fuß auf das Bremspedal, dass ich eigentlich den Fahrzeugboden durchstoßen müsste. Reifen und Bremsen quietschen wie in einem James-Bond-Film und ich bin der festen Überzeugung, dass mein Stoßgebet erhört wurde und Gott den Bremsweg verkürzt hat.

Ich komme zum Stehen. Zwischen Volks- und Kinderwagen, der sich direkt vor meiner Motorhaube befindet, liegen keine fünfundzwanzig Zentimeter. Nun zuckt auch die Frau zusammen, lässt ihr Mobiltelefon fallen und wird kreideweiß. Wir schauen uns durch die Windschutzscheibe an und ich entscheide mich gegen eine Standpauke. Die Schuldfrage war für mich in diesem Fall ziemlich unbedeutend, ich war einfach nur dankbar, dass ich mit meinem Pkw nicht ein Baby meterweit aus seinem Kinderwagen auf die Straße geschleudert hatte. Stattdessen lächelte ich die Frau milde und herzlich an, was ihr die Gesichtsfarbe zurückbrachte und, so glaube ich, Dankbarkeit für den guten Ausgang in ihr freisetzte. Sie bückte sich, hob ihr Telefon auf und zog mit dem Kind ihres Weges, diesmal ohne Blick auf die Mattscheibe. Einen Parkplatz habe ich nicht mehr rechtzeitig gefunden. Man kann nicht alles haben.

»Seht die Vögel unter dem Himmel an …«, beginnt Matthäus 6,26.

Sieh! Sieh hin!

Nimm auf! Nimm wahr, was sich jetzt gerade in diesem Moment in deinem Leben abspielt.

Sei da! Sei voll da in der realen Welt, jetzt!

Hätte die junge Frau hingesehen, hätte sie im Jetzt die analoge Lebenswirklichkeit um sich herum angesehen, sie wäre wohl an der roten Ampel stehen geblieben. Stattdessen war sie tief abgetaucht in die digitale Welt. Egal, ob sie eine Insta-Story, einen Facebook-Beitrag oder einen WhatsApp-Chat betrachtet hat, auf jeden Fall war sie nicht im Hier und nicht im Jetzt. Sie war nicht da. Nicht für ihr Baby, nicht für sich und nicht für mich, ihre Umwelt.

Das Wörtchen »siehe« findet sich 1 228-mal in der Bibel. Sehen wir generell zu wenig hin?

Ich auf jeden Fall!

Seit meinem sechsten Lebensjahr habe ich Fische als Haustiere. Ich bin ein leidenschaftlicher Aquarianer. Zeitweise befanden sich fünf Aquarien in unserem Haus. Heute habe ich ein 350-Liter-Eckaquarium und den beschriebenen kleinen Gartenteich.

Gerade bei der Gestaltung des Aquariums gebe ich mir viel Mühe und investiere immer auch wieder ordentlich Geld in Deko und natürlich in die schönen Fische, die alle recht groß sind und Namen haben. Ich habe mir sogar eine luxuriöse LED-Beleuchtung gegönnt, mit der ich einen Sonnenaufgang, einen Sonnenuntergang, Gewitterphasen und Mondlicht simulieren kann. Wunderschön!

Während ich dieses Buch plante und meine inhaltlichen Ausführungen zum Titel »Moment, ich lebe gerade!« notierte, saß ich in unserem Wohnzimmer und überlegte. Gedankenversunken schaute ich in mein Aquarium, ohne wirklich hinzusehen. Ähnlich wie bei einer Fotoaufnahme im Porträt-Modus, bei der der Hintergrund verschwommen dargestellt ist, waren Fische und Aquarien-Landschaft unscharf, geschärft im Zentrum stand mein Denken als Autor. Warum auch immer, plötzlich änderte sich dies und meine beiden Schleierschwänze, Herr Runge und Herr Pein, gewannen zusammen mit der gesamten Aquarienlandschaft an Schärfe, drängten in das Zentrum meines Bewusstseins und ließen mich folgende Gedanken denken:

Mensch Bernd, wie schön dieses Aquarium doch ist und wie beruhigend hineinzuschauen. Du betreibst einen solchen Aufwand für dieses Becken und seine Bewohner und hast dir im letzten halben Jahr noch keine zehn Minuten am Stück Zeit genommen, um einfach ganz bewusst nur hineinzusehen. Um die Fische zu beobachten und zu genießen, was du geschaffen hast. Höchstens mal ein flüchtiger Seitenblick beim Fernsehen oder wenn du kurz vom Handy aufschaust.

So richtig Zeit nimmst du dir für dieses Hobby nur dann, wenn etwas getan werden muss oder etwas nicht stimmt, ein Fisch krank oder Deko verrutscht ist. Oder wenn Besuch das Ganze bewundert.

Ähnlich wie mit dem Aquarium geht es mir mit unserem Kamin. Seit wir alle dazu angehalten sind, Energie zu sparen, nutzen wir unsere Gasheizung weniger und dafür am Abend regelmäßig unseren gemütlichen Kaminofen. Doch eben auch nur nebenher, damit es schön mollig warm im Wohnzimmer ist.

Seit dem Moment vor meinem Aquarium habe ich dies ganz bewusst geändert. Ich sitze nun immer mal wieder für eine Viertelstunde einfach nur so vor meinem Aquarium oder vor dem Kamin und schaue in die Unterwasserwelt oder ins Feuer.

Ich kann Ihnen sagen:

Das ist so schön!

So erholsam!

Ich bin so präsent!

Und gleichzeitig so entspannt!

Großartig!

Immer wieder kommt es in solchen Zeiten zu kleinen gedanklichen Spaziergängen. So habe ich neulich vor dem Kaminofen über Hebräer 12,29 nachgedacht: »Denn unser Gott ist ein verzehrendes Feuer.«

Ob das eine stille Zeit war oder eine klassische christliche Meditation, ich weiß es nicht und es ist mir auch egal. Ich habe schon vor geraumer Zeit alle organisierten Bibellese- oder Zeitpläne über Bord geworfen, die mir vorschreiben wollten, wann ich mich wie genau mit Gott und seinem Wort beschäftigen sollte. Vorher habe ich einen Felsbrocken daran gebunden, damit sie bloß nie wieder auftauchen.

Warum? Weil ich eigentlich nie über die Planung hinausgekommen bin und bei Nichteinhaltung ein schlechtes Gewissen relativ schnell jegliche direkte Kontaktaufnahme zu Gott blockiert hat. (Wenn es Ihnen anders geht, dann benutzen Sie Ihre Pläne weiter – aber wenn sie Ihnen nicht helfen, dann ist es vielleicht Zeit, etwas daran zu verändern.)

Uns einfach mal ohne Leistungsgedanken hinsetzen, genau hinsehen und genießen, was gerade gut ist im Leben – warum tun wir uns damit so schwer?

Auch mir fällt es nicht leicht, obgleich mir meine genetische Disposition zumindest zu fünfzig Prozent sehr entgegenkommt, was folgende kleine Begebenheit beweist:

Vor einigen Jahren hatten sich meine Eltern an einem Samstagnachmittag zur gemeinsamen Gartenarbeit verabredet. Sie hatten sich vorgenommen, die rechte Seite des Gartens von Unkraut zu befreien, und taten dies bei wunderschönem Wetter auch. Sie waren damit jedoch viel schneller fertig als erwartet, sodass meine Mutter meinem Vater im Pfälzer Dialekt den Vorschlag unterbreitete: »Allahopp, kumm, mer machen jetzat noch die link Seit!« (»Los, komm, wir machen gleich auch noch die linke Seite!«) Ruhig, aber fest entschlossen entgegnete mein Vater: »Mer hänn uns vorgenumme, ma machen heit die recht Seit. Jetzat setz ich mich in mein Sessel unn genieß mein Gaade!« (»Wir haben uns vorgenommen, dass wir heute die rechte Seite machen. Jetzt setze ich mich in meinen Sessel und genieße meinen Garten!«)

So hat es mein Vater dann auch gemacht. Sich angesehen, was er geschafft hatte, und dann seinen Garten genossen und vielleicht auch einen Meisenmann beobachtet. Meine Mutter setzte sich wohl zu ihm, inwieweit sie es allerdings wirklich genießen konnte, ist nicht offiziell überliefert.

Nicht nur mein leiblicher Vater hat dies so gemacht, sondern auch mein wunderbarer Vater im Himmel: Gott!

Wie ich bereits geschrieben habe, besteht die Bibel aus über 30 000 Versen. Schon im zehnten Vers wird beschrieben, dass Gott hingesehen und sich genau angesehen hat, was er gerade geschaffen hatte, in diesem Fall trockenes Land und Wasser: »Und Gott nannte das Trockene Erde, und die Sammlung der Wasser nannte er Meer. Und Gott sah, dass es gut war.« Gott, der Schöpfer, hat hingesehen und für gut befunden. Das Ganze wiederholt sich im Laufe der siebentägigen Schöpfung noch viermal.

Wann haben Sie sich zum letzten Mal nackt vor den Spiegel gestellt, hingesehen, genossen und für gut befunden, was Sie sehen?

Betrachten Sie sich im Spiegel wie mit einem Scanner und konzentrieren Sie sich auf die gesellschaftlich normierten Problemzonen? Oder genießen Sie Gottes Gesamtkunstwerk?

Freuen Sie sich über einen spontanen Schnappschuss, bei dem Sie herzlich lachen, oder legen Sie zunächst einen Filter über das Bild und retuschieren die Lachfalten weg, bevor Sie das Foto in die digitale, perfekte und wunderschöne heile Welt schießen?

Wahrscheinlich kenne ich Sie nicht persönlich. Dennoch kann ich Ihnen versichern, dass Sie ein wunderschöner Mensch sind. Sollten Sie jemals gedacht haben, Sie seien hässlich, oder sollten Sie diese Gedanken heute noch zulassen, so ist genau jetzt, in diesem Moment, die Gelegenheit, die himmlische Müllabfuhr zu rufen, den Dreck abholen zu lassen und zu leben.

Vor einigen Jahren habe ich das Familienhörspiel »Luftküsschen für Schnuckiputzi« geschrieben und dazu eine CD produziert. Darauf singe ich zusammen mit meiner Handpuppe Erwin, der eine ziemlich dicke Nase hat, das Lied »Du bist ganz wunderbar« über die einmalige Schönheit jedes Menschen. Unter anderem heißt es darin:

> Wenn du denkst, du siehst bescheuert aus,
> nimm den Gedanken und werfe ihn raus.
> Solche Gedanken sind Dreck,
> darum jage sie weg,
> und zwar dorthin, wo der Pfeffer wächst!
> Egal ob dicker Bauch, ob dicke Nase auch,
> mit kurzen Armen, kurzen Beinen nicht so flott.
> Du, wir sind wunderbar,
> das ist uns sonnenklar.
> Jeder ein Superstar, gemacht von Gott!

Allen Menschen, die von den Klums und Bohlens dieser Erde in einem Casting diffamiert, beleidigt oder abgewatscht werden, wünsche ich sofort ein himmlisches Folge-Casting. Am Jury-Tisch sitzen Vater, Sohn und Heiliger Geist, die ständig auf goldenen Buzzern herumhauen, nur gute geistliche Botschaften senden und sich ohne Ende an ihrem Gegenüber freuen. Plötzlich steht der Heilige Geist auf und überreicht dem Kandidaten oder der Kandidatin den Recall mit den Worten: »Du bist direkt weiter! Und: Du musst nicht mal mehr ins Finale, weil Jesus da ja bereits für dich war.«

Darum: Werfen Sie Ihre Überzeugungen, dass Sie nicht schön sind, weg – oder Ihre Bibel. Jetzt!

Beides geht nämlich einfach nicht zusammen. Entweder Sie glauben an den Wahrheitsgehalt der Heiligen Schrift oder an die Richtigkeit Ihrer eigenen Gedanken, wobei diese ja auch von irgendwoher fremdbestimmt oder zumindest fremd beeinflusst sind.

In der Bibel steht über Sie und über mich:

Denn du hast meine Nieren bereitet und hast mich gebildet im Mutterleibe. Ich danke dir dafür, dass ich wunderbar gemacht bin; wunderbar sind deine Werke; das erkennt meine Seele.
Psalm 139,13–14

Geben Sie Ihrer Seele einen Tritt in den Allerwertesten, damit auch sie anfängt, Ihre Schönheit zu erkennen. Dass wir dies konkret tun können, die Seele auf Kurs bringen, die Seele in einen Freudentaumel versetzen, habe ich auch lange nicht so konkret verstanden.

Warum? Weil ich auch hier nicht genau hingesehen habe. Viel zu oft habe ich Gott im Außen gesucht. Dabei lebt er seit meiner bewussten Glaubensentscheidung in mir. In mir drin!

Jesus liegt nämlich schon lange nicht mehr in einer nostalgischen Krippe im Stall zwischen Ochs und Esel. Jesus wohnt mit seinem Heiligen Geist in mir. Er hat mich zu einem Kind Gottes gemacht, einem Erben in direkter göttlicher Nachfolge:

Der Geist selbst gibt Zeugnis unserm Geist, dass wir Gottes Kinder sind. Sind wir aber Kinder, so sind wir auch Erben, nämlich Gottes Erben und Miterben Christi...
Römer 8,16–17

Wenn wir in den Spiegel schauen, sehen wir auch eine neue, eine göttliche Natur!

Moment!
Bitte noch einmal ganz genau hinsehen! Jetzt!

Der praktische Moment

Legen Sie jetzt einmal kurz das Büchlein zur Seite. Jetzt! Sehen Sie genau hin. Schauen Sie sich die Umgebung, in der Sie gerade sitzen, genau an. Was nehmen Sie wahr? Vielleicht sitzen Sie im Bus oder in einer Bahn und nehmen jetzt die anderen Passagiere um sich herum deutlicher wahr. Wenn Sie ganz mutig sind, dann sprechen Sie doch einmal eine Person an und sagen ihr, dass sie sehr schön ist.

Nehmen Sie sich aber auch unbedingt Zeit und sehen Sie sich echte Vögel an. Vielleicht an einem Futterhäuschen im Garten, vielleicht müssen Sie zu jemandem fahren, der Hühner hält, vielleicht in Volieren im Zoo. Vielleicht haben Sie ja auch selbst einen Wellensittich oder einen anderen Vogel als Haustier. Vielleicht beobachten sie am Wasser die Möwen oder auf den Feldern die Kraniche oder, oder, oder …´

Fangen Sie an, ganz bewusst analoge Zeit zu genießen. Planen Sie bitte nicht, wann sie analoge Zeit in Ihren Tagesablauf einbauen wollen. Machen Sie sie einfach! Wenn es sein muss, auf einer öffentlichen Toilette, während Sie die Sprüche an den Wänden lesen.

Der humorvoll-satirische Moment

Prioritäten

Ein katholischer Priester, ein protestantischer Pfarrer und ein jüdischer Rabbi wollen herausfinden, wer von ihnen der beste Seelsorger ist. Alle drei gehen in den Wald, suchen einen Bären und versuchen, ihn zu bekehren. Danach treffen sie sich wieder und erzählen.

Der Priester fängt an: »Als ich den Bären gefunden hatte, las ich ihm aus dem Katechismus vor und besprengte ihn mit Weihwasser. Nächste Woche feiert er Erstkommunion.«

»Ich fand einen Bären am Fluss«, sagt der Pfarrer, »und predigte ihm Gottes Wort. Der Bär war so fasziniert, dass er in die Taufe einwilligte.«

Die beiden schauen hinunter auf den Rabbi, der in einem Ganzkörpergips auf einer Trage liegt. »Im Nachhinein betrachtet«, meint er, »hätte ich vielleicht nicht mit der Beschneidung anfangen sollen.«

5

Herzliche Grüße von Ihrem Grundversorger

Seht die Vögel unter dem Himmel an: Sie säen nicht,
sie ernten nicht, sie sammeln nicht in die Scheunen;
und euer himmlischer Vater ernährt sie doch.
Matthäus 6,26

Nicht selten hat unser himmlischer Vater meinen leiblichen Vater autorisiert, um viele Vögel zu ernähren. Seit ich denken kann, stellt mein Vater regelmäßig verschiedenste Futterhäuschen im Garten auf und sorgt dafür, dass diese immer reichlich mit bestem Vogelfutter gefüllt sind. Es ist eine wahre Pracht und macht viel Freude, das rege Treiben der gefiederten Gartenbewohner an den Futterplätzen zu beobachten.

Wer da alles vorbeigeflattert kommt: Blaumeisen, Kohlmeisen, Buchfinken, Grünfinken, Herr und Frau Dompfaff, Spatzen, Amseln, die sich gerne mal mitten im Futterhaus platzieren und keinem anderen Vogel etwas abgeben wollen. Ringeltauben, die zu dick sind, um sich in das Vogelhäuschen hineinzuzwängen, und stattdessen auf dem Boden aufpicken, was in der ganzen Fress-Hektik im Futterhaus an den Seiten hinuntergeschleudert wird.

Ich möchte hier aber kein allzu idyllisches Bild zeichnen. Da ist mächtig was los an diesem Futterplatz. Da wird geneidet, gekämpft und gepickt. Da fliegen die Fetzen beziehungsweise die Federn! Um so manchen Leckerbissen gibt es Krieg und nicht selten siegt die Macht des oder der Stärkeren.

Niemals habe ich allerdings Vögel am Futterplatz beobachtet, die Plastiktüten oder andere Sammelbehältnisse mitgebracht hatten, um Futter einzupacken, das sie gerade nicht verspeisen konnten. Auch ist mir nicht bekannt, dass einmal ein Vogel bei meinen Eltern an die Terrassentür geklopft hätte, zwei Plastikdosen im Gepäck, und meinen Vater gebeten hätte: »Könnten Sie mir den Rest bitte einpacken? Zum Mitnehmen.«

Wir Menschen dagegen sind anders. Ich hatte einmal eine Patientin, deren Kellerräume einem mittelgroßen Tante-Emma-Laden glichen. Mächtig stolz führte sie mich bei einem Hausbesuch in ihre Katakomben und präsentierte mir unzählige Konservendosen mit Ravioli, Gemüse, Kohlrouladen, Nudeleintöpfen, Sauerkraut, Suppen aller Art.

In einem weiteren Regal waren unzählige Liter Wasser gestapelt, wieder an anderer Stelle Hunderte Batterien verschiedenster Größen, Taschenlampen, Kopflampen, Kerzen, Feuerzeuge, Streichhölzer und noch vieles mehr. Die sympathische alte Dame bevorratete einfach alles und alles in x-facher Ausführung.

So hager und asketisch, wie sie auf mich wirkte, hätte sie bestimmt 130 Jahre alt werden können, ohne jemals wieder einkaufen zu müssen, hätte sie sofort damit begonnen, ihre Konserven aufzubrauchen.

»Wir dürfen nicht einfach von der Hand in den Mund leben, lieber Herr Hock. Ich habe schlechte Zeiten erlebt, in denen wir nichts zu essen hatten. Ich möchte gerüstet sein für die nächsten Jahre großer Not!«, erklärte sie mir.

Irgendwie habe ich für die sympathische Frau, die in ihre Scheunen sammelte, Verständnis.

Obendrein ist dieses Verhalten durchaus biblisch. So deutete Josef dem Pharao seine Träume und half dann ganz Ägypten, die Scheunen in sieben ertragreichen Jahren für sieben magere Jahre zu füllen (1. Mose 41).

Eine gewisse Vorsorge ist gut und sinnvoll. Auch ist es wichtig, dass wir gut für uns sorgen. Genauso wichtig aber ist es, dass wir uns nicht sorgen! Die Grenze vom sinnvollen Zurücklegen hin zum panischen Bevorraten und Horten ist fließend und unscheinbar.

Wie mache ich es nun richtig? Schließlich hat Jesus nicht gesagt: »Seht die Vögel unter dem Himmel an: Sie säen nicht, sie ernten nicht, sie sammeln nicht in die Scheunen, diese einfältigen, verblödeten Hohlbratzen. Die werden schon sehen, was sie davon haben.«

Gleichzeitig ist unser Verstand ja auch ein Geschenk Gottes, auch wenn er uns manches Mal im Wege steht.

Der Verstand meines leiblichen Vaters befähigt ihn, die Vogelhäuschen in seinem Garten zur rechten Zeit mit dem richtigen Futter in der gesunden Menge aufzufüllen. Dies hilft dann wieder den Vögeln, gut über den Winter zu kommen. Mein himmlischer Vater benutzt meinen leiblichen Vater, und die Vögel kümmern sich um gar nichts. Nicht einmal darum, dass alle Artgenossen am Futterplatz genügend abbekommen. Mein Vater ist quasi so etwas wie der Grundversorger der Gartenvögel.

Der Begriff Grundversorger wird hauptsächlich in der Energiewirtschaft gebraucht. Die ortsansässigen Stadtwerke oder andere größere Firmen beliefern die einzelnen Haushalte in den Städten mit Strom und Gas. Diese Energie bezahle ich bei meinem jeweiligen Grundversorger in Form von monatlichen Abschlägen. Genau abgerechnet wird dann einmal pro Jahr.

Wir müssen uns immer wieder vergegenwärtigen, dass Jesus, wenn er in Gleichnissen spricht, Bilder gebraucht, die uns eindrucksvoll geistliche Wahrheiten verständlich machen sollen und deren Kraft sich in erster Linie in der sogenannten unsichtbaren Welt entfaltet. Vögel können keine Logistik entwerfen, um genau die richtige Menge an Vorräten anzulegen, damit sie gut über den Winter kommen. Auch das Eichhörnchen, welches an verschiedenen Stellen Nüsse vergräbt, tut dies nicht aus logischen Berechnungen oder verstandesmäßigen Überlegungen heraus, sondern folgt einfach seinem Instinkt.

Dennoch sind diese Gleichnisse für mich persönlich sehr bedeutend, schließen sie mir doch in der Tiefe den barmherzigen und liebenden Charakter Gottes auf. Besonders dann, wenn ich diese Gleichnisse in einer bewussten Zeit der inneren Ausrichtung auf das Evangelium, auf den dreieinigen Gott und auf das Erlösungswerk von Jesus Christus intensiv mit meinen inneren Augen des Herzens betrachte. Dann merke ich, wie diese ausdrucksstarken Metaphern beginnen, in mir zu wirken. Der

Heilige Geist betritt meine innere Kommandobrücke, schickt den Verstand in die Pause, und in diesem Erleben meines himmlischen Vaters werden Herzenserkenntnisse geboren. Da kommen mir dann so Gedanken wie: Mein wahrer Grundversorger sind nicht die hiesigen Stadtwerke, mein wahrer Grundversorger ist Gott.

Das Großartige an einer solchen direkten Begegnung mit Gott ist, dass ich Gewissheit darüber habe, dass ich jetzt nicht einfach ein weiteres kreatives Bild, einen eindrucksvollen Vergleich kreiert habe, sondern dass diese Begegnungen, diese Erkenntnisse, mein Leben verändert haben und weiter verändernd wirken werden. Ganz konkret, ganz real, werden in solchen Situationen Sorgen bei mir weggeräumt und machen mehr Lebensfreude Platz.

Ganz praktisch mache ich mir seither keine Sorgen mehr darüber, wie ich eventuelle Preiserhöhungen im Energiebereich finanziell stemmen kann, und weigere mich, bereits im Juni sorgenvoll unruhig darüber zu werden, womit ich im nächsten Winter mein Haus heizen soll und ob ich mir dies überhaupt noch leisten kann.

Obgleich also mein Lieblingsgleichnis mit den Vögeln und den Lilien meinen Blick in erster Linie geistlich ausrichtet, finden die gewonnenen Erkenntnisse praktisch und sichtbar ihren Ausdruck in meinem Leben. Beispielsweise war ich früher der sogenannten Geistesgabe der Prophetie gegenüber äußerst skeptisch eingestellt. Eigentlich allen Geistesgaben gegenüber, auch der Gabe der Zungenrede oder der Heilung, besonders aber eben der

Gabe der Prophetie. Kam jemand auf mich zu mit den Worten: »Der Herr hat mir gezeigt, du sollst …!«, so entgegnete ich meist sehr spontan und fast ein wenig überheblich und genervt: »Vielen Dank! Jetzt muss es der Herr nur noch mir selbst zeigen!«

Später gab es in meinem Leben eine Phase, in der ich mit heftigen depressiven Verstimmungen und starken Ängsten zu tun hatte. Diese hatten mich ziemlich im Griff. Dennoch merkte man mir von außen überhaupt nichts an. Ich mimte den fröhlichen Entertainer und unerschütterlichen Christen und meine Umwelt nahm dies gerne an. Nur ganz wenige Menschen, wie beispielsweise meine Ehefrau Kerstin, wussten, wie es in mir aussah. In dieser Zeit besuchte ich eines Abends einen kleinen Hausgottesdienst bei einer Christin bei mir um die Ecke. Dort predigte ein Pastor aus Estland zu uns etwa zwölf Menschen. Die Predigt sprach nahezu nicht zu mir und der ganze Abend war mir liturgisch viel zu überladen, der Geistliche trug ein Ornat und war behängt mit Schmuck und allem, was dazugehört. Nach seiner Predigt allerdings ging der Pastor zu jeder einzelnen Person, legte ihr die Hand auf den Kopf und sprach ein paar Worte. Die Atmosphäre war viel zu intim, die Wohnung zu klein und es wäre zu auffällig gewesen, wenn ich unter dem Vorwand, auf die Toilette zu müssen, das Setting fluchtartig verlassen hätte. So kam der Geistliche also auch zu mir, legte mir die Hand auf und sprach nur drei Worte, die es in meiner Seele aber ordentlich rumsen ließen: »Traurigkeit geht! Jetzt!«

Was soll ich sagen, in diesem Moment wich jegliche Schwermut von mir. Das prophetische Reden dieses Mannes, den Gott in diesem Moment gebrauchte, räumte Sorgen weg, und neue Lebensfreude brach sich Bahn. So stark, dass dies auch meine Frau nach meiner Rückkehr sofort bemerkte. Ich war sehr beeindruckt von dem Geistlichen und lud ihn etwas später zu einer eigenen Veranstaltung ein, in der er ebenfalls nach der Predigt über jeder einzelnen Besucherin und jedem einzelnen Besucher weissagte.

Auch wieder bei mir. Diesmal prophezeite er mir, ich erinnere mich noch exakt an seine Worte: »Konto wird voll werden und nie mehr leer!«

Ich habe auf dem Heimweg nicht sofort am nächsten Kontoauszugautomaten angehalten und bin danach auch nicht reich geworden, aber ich habe seither als Alleinverdiener, der eine vierköpfige Familie zu versorgen hatte, nicht einen Tag einen finanziellen Engpass erlebt. Bis heute nicht, obwohl ich mich 2006 selbstständig gemacht habe. Die Prophetie erhielt ich 2003.

Liebe Leserin, lieber Leser, was glauben Sie?

Bin ich ein ganz besonders geliebtes Kind Gottes?

Ja! Tatsächlich! Das bin ich.

Ich bin von Gott besonders geliebt!

Allerdings liebt er mich keinen Deut mehr als Sie.

Die von mir beschriebenen, durch einen Bibelvers oder ein Gebet initiierten Begegnungen mit Gott können selbstverständlich auch Sie erleben. Unmittelbar und überall! Meinetwegen auch auf der Bahnhofstoilette.

Sie müssen nicht erst einen Dom oder eine Kathedrale aufsuchen. Im Gegenteil. Häufig sind diese Orte religiös so überladen, dass mitunter eine komische, bedrückende Atmosphäre vorherrscht, die eine freie, freudige Kontaktaufnahme zu Gott nicht unbedingt begünstigt. Sie müssen also nicht erst eine Kirche betreten, sich dort bekreuzigen, hinknien und Ihr Haupt senken, damit der Heilige Geist zu Ihnen sprechen kann. Überhaupt ist es mit dem Senken des Hauptes so eine Sache. Ich rate Ihnen vielmehr, auf der Suche nach einer persönlichen Begegnung mit Gott nicht zu viel nach unten zu schauen.

Gott ist immer im Oben!

Jesus Christus ist nicht unten im Grab geblieben, sondern auferstanden und aufgefahren in den Himmel. Die Bibel verheißt, dass er irgendwann auch wieder von oben aus dem Himmel kommen wird. Dieser Himmel ist auch mein und Ihr Zuhause. Selbst dann, wenn unsere Körper einmal in der Erde vergraben werden. Jawohl, in der Jugendsprache könnte man heute sagen: Jesus hat für uns den Himmel schon mal klargemacht.

Noch ein anderer wichtiger Aspekt steckt aber in dem Vers: »Seht die Vögel unter dem Himmel an: Sie säen nicht, sie ernten nicht, sie sammeln nicht in die Scheunen; und euer himmlischer Vater ernährt sie doch.« In anderen Worten bedeutet er: Schau doch bitte einmal genau hin, nimm dir ein Beispiel an den Vögeln und mache es wie sie! Lass diese Vögel in ihrem Verhalten dein Vorbild sein!

Vielleicht kennen Sie ähnliche Aufforderungen von Ihren Eltern. Besonders während der Pubertät können diese ganz schön nervig sein: »Nimm dir doch bitte einmal ein Beispiel an XY! So wie er sich verhält, könntest du dich auch einmal verhalten. Er sollte dein Vorbild sein!« Ich habe solche Aussagen gehasst, auch wenn sie noch so gut gemeint waren.

Der Duden definiert Vorbild wie folgt: »Person oder Sache, die als idealisiertes Muster, als Beispiel angesehen wird, nach dem man sich richtet.«

Wie ist es bei Ihnen um Vorbilder bestellt?

Meine Vorbilder waren früher eindeutig Idole. Irgendwelche berühmten Stars.

In meiner persönlichen Identitätskrise, meiner Pubertät, hätte ich vehement, lautstark und absolut intensiv widersprochen, wenn jemand behauptet hätte, dass ich jemals die folgende Aussage treffen würde, doch heute schreibe ich es gerne: Meine Eltern sind mir echte Vorbilder geworden.

Ich bin überzeugt, dass echte Vorbilder, die ein Leben positiv prägen, selten auf großen Postern an die Wand getackert werden. Vielmehr sind solche Vorbilder eher stille Heldinnen und Helden, deren Heil bringende Früchte man erst viel später erntet und genießt.

So kann ich am Ende dieses Kapitels angenehm schmunzeln über Gottes zarten und wundervollen Humor. Bietet er mir doch das Kohlmeisen-Männchen vordergründig als Vorbild an. Und wenn ich mit meinem Inneren mit offenem Herzen ein wenig bei diesem Bibelvers verweile, so erkenne ich hinter dem Vögelchen mit meinen geistlichen Augen den Sohn Gottes. Jesus Christus der Erlöser. Mein Erlöser, der sich mir als das vertrauenswürdigste Vorbild offenbart hat, das mir jemals begegnet ist.

Der praktische Moment

Wie sieht es mit Ihren Vorbildern aus?

Schließen Sie die Augen und beginnen Sie eine kleine Zeitreise in die Vergangenheit. Versuchen Sie, sich an Ihr Kinderzimmer zu erinnern.

Hingen da Poster? Von wem?

Gab es Idole? Haben Sie für jemanden geschwärmt?

Warum? Was hatten diese Personen an sich, das dafür sorgte, dass Sie bei ihrem Anblick, oder wenn Sie ihnen begegneten, förmlich dahingeschmolzen sind?

Gab es in Ihrem Inneren Wünsche oder Überzeugungen wie diesen: »Genau wie der, genau wie die wäre ich auch gerne!«? Warum?

Stellen Sie sich vor, ein bedeutender runder Geburtstag von Ihnen steht bevor. Sie bitten sich selbst, die Laudatio zu halten. Nun setzen Sie sich hin und schreiben eine wunderbare Lobrede auf sich selbst. Bitte keine bloßen Überschriften, kein allgemeines Geschwafel, keine Phrasen! Ehren Sie sich mit ganz konkreten Dingen, Eigenschaften, Taten und vielem mehr und schreiben Sie dies nieder. Bitte schreiben Sie es unbedingt im Stil einer Laudatio! Stellen Sie sich danach hin und halten Sie sich diese Lobrede selbst!

Nun nehmen Sie sich erneut Zeit, gerne auch an einem anderen Tag. Schreiben Sie dann eine Laudatio auf Gott: auf Vater, Sohn und Heiligen Geist. Auch hier bitte nichts Allgemeines, sondern nur Dinge, die Sie in Ihrem persönlichen Leben direkt mit Gott in Verbindung bringen und bei denen Sie Gott von Herzen dankbar sind.

Treffen Sie sich nun mit ihm, er hat immer Zeit. Halten Sie ihm die Festrede. Vielleicht wird daraus ein immerwährendes, ganz persönliches Herzensgebet.

Der humorvoll-satirische Moment

Vorbilder

Er: »Hast du ein Vorbild?«

Sie: »Ein Vorbild? Ja!«

Er: »Wen?«

Sie: »Dornröschen!«

Er: »Dornröschen? Wieso?«

Sie: »Keine besondere Ausbildung, schläft hundert Jahre, wird wach und ist sofort Königin!«

6

Strafsache Hock

Wie bereits erwähnt, werde auch ich immer wieder von Zweifeln besucht, ich könnte als Christ nicht genügen und das verheißene ewige Leben verlieren. Zweifel, denen nur ein kleiner Türspalt genügt, um hindurchzuflutschen, sich an mir vorbeizudrängeln und es sich auf dem Sofa meines inneren Wohnzimmers gemütlich zu machen.

Wenn dies geschieht, benutze ich eine Vorstellungsübung, wie ich sie auch in der Therapie verwende. Sie beruht auf dem für mich vielleicht bedeutendsten Bibelvers im Neuen Testament:

Denn Gott hat die Welt so sehr geliebt, dass er seinen einzigen Sohn hingab, damit jeder, der an ihn glaubt, nicht verloren geht, sondern das ewige Leben hat.
Johannes 3,16 (NLB)

Ich stelle mir dann sehr bildhaft vor, wie ich im Verhandlungssaal des Jüngsten Gerichts an einem kleinen Holztischchen neben meinem Rechtsanwalt sitze, vor mir ein monströses Podium aus dunklem schweren Eichenholz. Dort sitzt in der Mitte der oberste Richter: Gott. Der rechte Stuhl neben ihm ist leer und auf der linken Seite sitzt ein beeindruckender Erzengel. Seitlich rechts sitzt hinter einem weiteren Tisch der Chefankläger: Satan, der Teufel höchstpersönlich.

Gott eröffnet die Sitzung: »Verhandelt wird die Strafsache Bernd Richard Hock, geboren am 15. März 1968, gestorben vor zwei Stunden. Das Wort hat der Chefankläger.«

Dieser kann es kaum erwarten, loszulegen. Satan erhebt sich langsam und majestätisch von seinem Stuhl, und ich bin mächtig beeindruckt, erschrocken, ja, sogar verängstigt, wie riesig er ist.

Eine kurze Zeit schaut er mich direkt an und schweigt. Sein Blick ist voller Hass, getarnt in süffisante Überheblichkeit. Selbstbewusst wendet er sich von mir ab, dreht sich zu Gott und sein rot-schwarzer Talar erzeugt dabei einen Luftzug, der Bewegung in die obersten Blätter der riesigen Papierstapel auf seinem Tisch bringt.

»Euer Ehren, hohes Gericht!«, hebt der Chefankläger in einer bedrohlichen Bassstimme an: »Das Leben dieses Mannes, Bernd Richard Hock, ist eine einzige Schande! Selten war ich mir der Verurteilung und ewigen Verdammnis eines menschlichen Wesens so sicher wie bei diesem übergewichtigen Krüppel!«

»Einspruch, Herr Richter!«, ruft mein Rechtsanwalt wenig selbstbewusst, während er vom Stuhl aufsteht, und führt weiter aus: »Der Herr Ankläger möge doch seine Einschüchterungsversuche unterlassen und sich stattdessen auf konkretes Beweismaterial konzentrieren.«

»Einspruch abgelehnt! Fahren Sie fort, gefallener Engel!«, schnaubt Gott brüsk in den Saal und pustet meinen Rechtsanwalt zurück auf dessen Stuhl.

73

Noch ein Stück selbstbewusster, noch bedrohlicher, noch mächtiger setzt der Chefankläger seine Anschuldigungen gegen mich fort. Dabei fährt er alles auf, was geht. Er verliest unzählige unschöne Begebenheiten aus meinem Leben. Mittels Beamer zeigt er kleine Videos von teilweise schwerwiegenden Verfehlungen. Spielt Audiodateien von Situationen ab, in denen ich mich unflätig geäußert habe. Keine noch so kleine Lüge, keine Lästerei, kein unnützes, überflüssiges Wort, kein begehrlicher Blick auf die Brüste einer fremden Frau, nichts, rein gar nichts wird ausgelassen.

Als der Ankläger dann noch mittels einer überdimensionalen PowerPoint-Präsentation jeden einzelnen üblen Gedanken meines Lebens an die Wand projiziert, bin ich mir sicher: Das Ding ist gelaufen!

Mein Anwalt schnappt verzweifelt nach Luft und erhebt sich mit den Worten: »Von all diesen Gedanken hat mir mein Mandant niemals etwas erzählt. Ich lege mein Mandat nieder!«

Unter dem hämisch grollenden Lachen des Anklägers streift der Anwalt seine Robe ab, hängt sie über den Stuhl und verlässt kleinlaut den Gerichtssaal. Ich drehe mich um und schaue ihm nach. Jetzt erst nehme ich die ganzen Schaulustigen wahr, die im Gerichtssaal Platz genommen haben, sich ihre verschwitzten Hände reiben und mit Speichelfäden in den Mundwinkeln nach meiner Verurteilung lechzen. Dazwischen sitzen immer wieder Personen, denen ich in meinem Leben Unrecht getan habe. Ich komme fast um vor Scham.

»Ruhe bitte! Sonst lasse ich den Saal räumen!«, stoppt Gott, der Richter, das Geraune im Auditorium und unterstreicht seine

Aufforderung, indem er dreimal mit dem typischen Richterhammer auf die Eichenholzoberfläche seines Podiums schlägt.

Der Teufel macht einen Schritt auf Gott zu und richtet seinen nächsten Satz zunächst an ihn: »Ich bitte Sie, Euer Ehren!« Dann wendet er sich zu den Personen auf den Besucherstühlen und fährt mit deutlich hörbarer Ironie in der Stimme fort: »Dieser Bernd Richard Hock soll ein Christ sein?! Zum Totlachen, wenn es nicht so ernst wäre. Ein Heuchler ist er, der Hock! Ein Versager, ein Blender, ein Lügner!« Mit wehender Robe geht er entschlossen hinter seinen Tisch zurück und schließt seine Anklage mit der lauten Forderung ab: »Hohes Gericht, ich fordere die Verurteilung, verlange die Höchststrafe für den Angeklagten: Die ewige Hölle für Hock!« Sehr langsam und mit zufriedener Miene setzt Satan sich wieder auf seinen Stuhl.

Es wird still. Eine Stille, die man nicht auflösen kann. Eine Stille, die ausgehalten werden muss.

»Angeklagter, Sie haben das letzte Wort. Möchten Sie etwas zu Ihrer Verteidigung sagen?«, wendet sich Gott nach einer gefühlten Ewigkeit in einem sachlichen Tonfall an mich.

Mir ist kalt, doch ich will noch etwas sagen. Mit zittrigen Beinen erhebe ich mich und spreche leise, aber dennoch mit überraschend fester Stimme: »Herr Richter!« Die Anrede »Lieber Vater« oder »Himmlischer Vater«, wie ich sie jahrzehntelang in meinen persönlichen Gebeten gebraucht habe, traue ich mich jetzt nicht. »Ich bekenne mich uneingeschränkt schuldig. Sämtliche vom Ankläger aufgeführten Beschuldigungen entsprechen der Wahrheit!« Gottes Blick wird ernst, wirkt fast ein wenig traurig und der Erzengel links neben ihm lässt die Flügel hängen. Der Teufel lächelt zufrieden in sich hinein. Trotzdem fahre ich fort: »Aufgrund dieser meiner Schuld, meiner ganzen Verfehlungen, Euer Ehren, habe ich einst Ihren Sohn, Jesus Christus, dankbar und aus zutiefst ehrlichem Herzen als meinen Erlöser angenommen. Der Heilige Geist hat mir Christus als den Heiland offenbart, der stellvertretend auch für meine Schuld ans Kreuz genagelt wurde und am dritten Tag auferstanden ist. Die Kraft der Vergebung im Evangelium Jesu Christi war mir seither wichtig. Mehr kann ich zu meiner Verteidigung nicht vorbringen.«

Seitdem ich den Namen Jesus Christus ausgesprochen habe, rutscht der Ankläger unruhig und fast ein wenig unbeholfen mit total genervter Miene auf seinem Stuhl hin und her. Die Flügel des Erzengels haben sich aufgerichtet und Gottes ernstes Antlitz hat sich in ein mildes, gnädiges, freundliches und zufriedenes Lächeln verwandelt.

Hinter dem Richterstuhl öffnet sich jetzt eine Tür. Licht drängt aus dieser Öffnung und erfüllt im Nu den ganzen Gerichtssaal. Eine Helligkeit breitet sich aus, wie ich sie noch nie erlebt habe. Es ist spürbar, wie diese Helligkeit jedem im Gerichtssaal guttut. Nur Satan setzt sich schnell eine verspiegelte Sonnenbrille auf.

Dann tritt Jesus Christus durch diese Tür und setzt sich zur rechten Seite Gottes, seines Vaters, auf den bis dahin leeren Stuhl. Die Blicke von Vater und Sohn treffen sich. Sofort breitet sich eine Atmosphäre unbeschreiblicher Liebe aus, welche dem Chef-Ankläger buchstäblich die Kehle zuschnürt.

Jesus erhebt sich erneut und zeigt sich als überdimensionale Lichtgestalt. Den Ankläger, der im gleißenden Licht der Liebe Christi wie ein ramponierter Gartenzwerg wirkt, würdigt er keines Blickes. Auch schaut er nicht ins Auditorium zu den Schaulustigen. Er blickt nur mich an und sagt: »Ja Bernd, ich erinnere mich noch sehr genau an deinen Hilferuf und dein Schuldeingeständnis im Gebet am 26. Oktober 1991.«

Hektisch blättert Satan in seinen Unterlagen und zahlreiche lose Papiere fallen dabei zu Boden. Jesus interessiert dies nicht die Bohne. Er richtet seine Worte weiter direkt an mich: »Bernd, ich habe dich bei deinem Namen gerufen, ich habe dich erlöst, du gehörst zu mir!«

Der Teufel ist dabei, seine Beweismittel einzupacken. Er wirkt jetzt überhaupt nicht mehr bedrohlich, eher resigniert, fast bemitleidenswert. Das helle, warme Licht, das sich durch das erlösende Auftreten von Jesus Christus ausgebreitet hat, offenbart die sehr begrenzte Macht Satans und gleichzeitig die unendliche, macht- und kraftvolle Liebe Gottes.

Nun setzt Jesus sich wieder hin. Erneut treffen sich die Blicke von Vater und Sohn und bleiben einen Augenblick aneinander haften. Dann lässt Gott seinen Blick zufrieden durch den Gerichtssaal wandern.

Plötzlich ruft der Engel, der bis dahin noch kein einziges Wort von sich gegeben hat: »Bitte erheben Sie sich!« Alle im Saal stehen auf und Gott spricht: »Gemäß Vers 16 aus dem dritten Kapitel des Johannesevangeliums ergeht folgendes Urteil: Der Angeklagte Bernd Richard Hock wird von allen Anklagepunkten freigesprochen und ihm wird ewiges Leben zugesprochen. Er ist mit sofortiger Wirkung ein Himmelsbürger. Die Kosten für das Verfahren wurden von meinem Sohn, Jesus Christus, bereits bezahlt.«

Ein letztes Mal schwingt Gott den Hammer durch die Luft, haut ihn mit Wucht auf das Eichenholz und verkündet: »Die Verhandlung ist geschlossen!«

Der praktische Moment

Viele Menschen, die eigentlich von ganzem Herzen in der Nachfolge Jesu leben und ein eindrucksvolles Bekehrungserlebnis hatten, also eine bewusste Entscheidung getroffen haben, dem Wunder der Erlösung durch Jesus Christus zu glauben, leben dennoch unfrei und ständig in Angst. Sie werden in ihrem Lebensalltag häufig dominiert von Fragezeichen:

> Bin ich ein (anständiger) Christ?
> Genüge ich?
> Liebe ich meinen Nächsten ausreichend?
> Glaube ich an den Himmel?
> Und wenn ja: Werde ich im Jüngsten Gericht bestehen?
> Oder werde ich verurteilt?

Wenn solche destruktiven Gedanken wie Zecken ihren bohrenden Stechrüssel in Ihren geistlichen Blutkreislauf rammen und versuchen, Glaube, Hoffnung, Freude und Liebe aus Ihnen herauszusaugen, dann hilft Ihnen vielleicht auch eine Vorstellungsübung wie die, die ich Ihnen beschrieben habe. Am besten probieren Sie es gleich mal aus.

Nehmen Sie sich etwas Zeit und versuchen Sie, eine ähnliche Gerichtsverhandlung für Ihr Leben durchzuspielen. Versuchen Sie, die Anklagepunkte gegen Sie, die Sie belasten, ganz konkret zu formulieren.

Verdeutlichen Sie sich anschließend den Freispruch gemäß 1. Johannes 1,9:

Wenn wir aber unsre Sünden bekennen, so ist er treu und gerecht, dass er uns die Sünden vergibt, und reinigt uns von aller Ungerechtigkeit.«

Konzentrieren Sie sich darauf, dass Jesus Sie von allen Anklagepunkten erlöst hat und Gott Sie freispricht! Denken Sie daran! Wenn Sie zu Jesus Christus gehören, geht diese Gerichtsverhandlung auch für Sie gut aus! Sie endet immer mit einem Freispruch!

Der humorvoll-satirische Moment

Vor Gericht

Richter zum Zivilkläger: »Gegenüber dem Beklagten gaben Sie an, Sie hätten keine Verletzungen bei dem Unfall davongetragen. Und jetzt klagen Sie hier auf Schmerzensgeld wegen diverser Unfallverletzungen. Was ist denn nun richtig?«

Zivilkläger zum Richter: »Herr Vorsitzender, das kann ich erklären. Das Ganze war so: Ich komme auf meinem Pferd die Hauptstraße heruntergeritten und das Auto kommt uns auf unserer Straßenseite entgegen und rammt uns. Mein Pferd fällt in den Straßengraben, und ich auch. Als der Unfallfahrer sieht, dass mein Pferd verletzt ist, geht er zurück zum Auto, holt eine Pistole aus dem Handschuhfach und schießt meinem Pferd in den Kopf. Dann schaut er mich an und fragt: ›Sind Sie auch verletzt?‹ Herr Vorsitzender, was hätten Sie denn da geantwortet?«

7

Reden hilft

Wenn ich in der Öffentlichkeit oder im Fernsehen Menschen mit einem gewissen Berühmtheitsgrad zuhöre oder sie beobachte und sie mich auf besondere Art und Weise faszinieren, dann stelle ich mir häufig die Frage, wie sie wohl im direkten Gegenüber ohne Kamera und Publikum so sind. Ich interessiere mich für ihre Aura, ihr Charisma.

Ein Mann, der für mich so etwas wie ein Vorbild war, war Alfred Biolek. Als Talkmaster saß er seinen Gästen unheimlich respektvoll gegenüber und achtete bei allen Fragen, die er ihnen stellte, stets darauf, ihre Würde nicht einmal annähernd anzutasten. In seiner liebevoll-freundlichen, zugewandten und gleichzeitig humorvollen Art gelang es »Bio«, eine Gesprächsatmosphäre zu kreieren, in der die Gäste sich sicher und angenommen fühlten und sich somit gerne öffneten.

Fast nach jeder Folge der Talkshow »Boulevard Bio« dachte ich: Mit dem würde ich gerne einmal ein paar Worte wechseln, um zu erleben, wie er in der direkten Begegnung ist, wie authentisch er auf mich wirkt.

Eines Tages fuhr ich mit dem Intercity von Mainz nach Koblenz. Der Zug war ziemlich leer und ich saß fast alleine im Großraumwagen an einem der Tische und arbeitete. Als ich von meinem Notebook aufsah, blickte ich plötzlich direkt in das Gesicht von Alfred Biolek, der sich, damals schon hochbetagt, an meiner Sitzlehne festhielt, da der Zug gerade ordentlich ruckelte. Biolek war wohl auf dem Weg zur Toilette oder in den Speisewagen. Ich war so perplex, dass ich ihn nicht ansprach (vielleicht hatte er es ja auch eilig). Aber ich nahm mir vor, dies bei seinem nächsten Vorbeikommen zu tun.

Gedacht, getan! In den nächsten Minuten achtete ich genau darauf, wer an mir vorbeiging. Und da war er.

»Verehrter Herr Biolek, gestatten Sie mir bitte, dass ich Sie kurz anspreche?!«

»Gerne«, antwortete Alfred Biolek und setzte sich kurzerhand mir schräg gegenüber an das Tischchen, da der Intercity immer noch ordentlich ruckelte. Ich drückte dem Fernsehproduzenten meine Wertschätzung und Hochachtung aus und wir unterhielten uns eine Weile, bevor Bio wieder aufstand, sich höflich für die gute Unterhaltung bedankte, sich verabschiedete und zu seinem Platz zurückging.

Ich war dankbar und ein wenig beseelt. Was für ein höflicher, würdevoller und freundlicher alter Herr! Der Showmaster wirkte wirklich authentisch auf mich.

Wenn wir jemanden ein wenig kennenlernen wollen, wird dies wohl immer die effektivste Methode sein: Wir müssen die Person ansprechen!

Genauso ist es mit Gott. Ich empfehle Ihnen von ganzem Herzen, ihn direkt anzusprechen, wenn Sie wissen möchten, ob es ihn überhaupt gibt und wie er denn so ist.

Ich bin überzeugt, dass Gott schon mehrfach an Ihnen vorbeigegangen ist, gerade auch wenn es in Ihrem Leben etwas geruckelt hat.

Vielleicht haben Sie ihn nicht bemerkt. Vielleicht halten Sie sich für einen überzeugten Atheisten und wissen selbst nicht ganz genau, warum Sie jetzt überhaupt in meinem Büchlein lesen.

Vielleicht sind Sie auch auf der Suche. Auf der Suche nach ein wenig Sinn oder auf der Suche nach einer ganz konkreten Antwort auf die Frage: Wer bin ich eigentlich?

Vielleicht sind Sie selbst ein wenig verwundert darüber, dass Sie die Antwort auf diese Frage ausgerechnet in meinem kleinen Ratgeber suchen, wollten Sie doch mit dem ganzen Christentum und dem religiösen Gehabe nichts mehr zu tun haben. Ich darf Ihnen mitteilen, dass wir da schon zwei sind. Auch ich unterscheide sehr genau zwischen Glaube und Religion. Zwischen Ritus und einer persönlichen Begegnung, einer persönlichen, tiefen Beziehung zu Gott.

Ich gebe zu, dass sich dieses vorliegende Büchlein an erster Stelle an Menschen richtet, die zwar von Herzen gläubig, aber trotzdem nie richtig frei geworden sind. Für sie möchte ich mit diesem kleinen Ratgeber einen Beitrag dazu leisten, dass sie als gläubige Menschen wirklich frei in Gottes Liebe wandeln können.

Aber auch jeder andere kann frei werden. Wenn Ihnen das Evangelium von Jesus Christus noch nicht vertraut ist und Sie sich von meinen Erklärungen angezogen fühlen und mehr wissen und erfahren wollen, dann empfehle ich Ihnen, Gott direkt anzusprechen.

Die einfachsten und effektivsten Möglichkeiten sind das Beten, also das Reden mit Gott, und das Lesen in der guten alten Bibel. Für Menschen, die noch keine Beziehung zu Gott haben, empfiehlt sich eines der Evangelien im Neuen Testament, dem zweiten Teil der Bibel. Sprechen Sie am besten auch mit Menschen, bei denen Sie den Eindruck haben, dass sie einen authentischen, unverschraubten Glauben leben. Besuchen Sie einen lebendigen Gottesdienst. (Den erkennen Sie daran, dass die Kirche oder der Gemeinderaum voll ist und sich dort nicht nur ein paar Ältere und Konfirmanden respektive Firmlinge tummeln.)

Ich bin zutiefst davon überzeugt, dass Sie in einer lebendigen Gemeinde Antworten in Bezug auf die Erlösung finden werden, wo Ihnen vielleicht nicht einmal Ihre Fragen so richtig bewusst sind.

Gerade in meiner Praxis als Heilpraktiker für Psychotherapie habe ich die Erfahrung gemacht, dass die meisten Menschen zwei ganz wichtige Grundbedürfnisse in sich tragen, die sie manchmal bis hin zur Depression quälen: Erstens wollen sie wissen, wer sie sind, und zweitens suchen sie eine Endlagerungsstätte für ihre Schuld.

In Gottes guter Nachricht, dem Evangelium von Jesus Christus, werden Sie Antworten auf beide Grundbedürfnisse finden. Das verspreche ich Ihnen!

Auch wenn in Ihrer Vergangenheit vielleicht religiös übel an Ihnen herumgedoktert wurde und es unter dem geistlichen Narbengewebe noch eitert: Gott wurde in Jesus Christus zwar Mensch, aber Gott ist nicht menschlich!

Gott ist Liebe!

Reden Sie mit ihm!

Er wird Ihnen seine Liebe offenbaren, und zwar genau in der Sprache, die Sie verstehen.

Noch mal: Es geht nicht um Religion. Es geht nicht um, aus welchen Motiven auch immer, menschengemachte religiöse Enge: Es geht um göttliche Freiheit! Eine heilige, eine geistliche Freiheit für jeden Menschen.

Ganze Sache mit Jesus Christus zu machen, ist wie eine zweite Geburt. In dem Moment, in dem Sie Jesus in Ihr Leben einladen und dies im Herzen wirklich ehrlich und ernst meinen, tragen die Engel im Himmel nach dem »Amen« Ihres sogenannten Übergabegebetes sofort Ihren zweiten Geburtstag in den Himmelskalender ein und spielen ein fetzig-freudiges »Happy Birthday« auf ihren Harfen und Posaunen.

Jesus Christus erklärt diesen Neubeginn, diesen Start in ein ganz neues, erlöstes Leben, dem Pharisäer Nikodemus:

Eines Nachts kam ein Pharisäer mit Namen Nikodemus zu Jesus, der zu den führenden Juden zählte. »Meister«, sagte er, »wir alle wissen, dass Gott dich gesandt hat, um uns zu lehren. Die Wunder, die du tust, beweisen, dass Gott mit dir ist.«

Jesus erwiderte: »Ich versichere dir: Wenn jemand nicht von Neuem geboren wird, kann er das Reich Gottes nicht sehen.«

»Was meinst du damit?«, rief Nikodemus aus. »Wie kann
denn ein alter Mensch wieder in den Leib seiner Mutter
zurückkehren und zum zweiten Mal geboren werden?«
Jesus erwiderte: »Ich sage dir: Niemand kommt in das
Reich Gottes, der nicht aus Wasser und Geist geboren
wird. Menschen können nur menschliches Leben hervor-
bringen, der Heilige Geist jedoch schenkt neues Leben
von Gott her. Darum wundere dich nicht, wenn ich sage,
dass ihr von Neuem geboren werden müsst.«
Johannes 3,1-7 (NLB)

Jede gute Hebamme ist für eine gebärende Frau weit mehr als eine Hilfe, sie ist ein echter Segen. Auch für Sie ist es eine große Unterstützung, wenn Sie sich für so eine neue Geburt eine Geburtshelferin oder einen Geburtshelfer suchen, die Ihr Vertrauen genießen und ein authentisches Christsein leben.

Der praktische Moment

Gott will Ihnen persönlich begegnen. Wenn Sie mit Gott persönlich in Kontakt kommen und Vergebung erfahren wollen, empfehle ich Ihnen, einfach mit ihm zu sprechen. Immer wieder werde ich gefragt, wie ein solches »Neuanfangsgebet« aussehen kann. Daher mache ich Ihnen einen kleinen Vorschlag, der aber in keinster Weise bindend ist. Wenn es Ihnen hilft, können Sie ihn verwenden, aber Sie können auch ganz frei beten.

Herr Jesus Christus, ich trete heute vor dich und erkenne dich als meinen Herrn und Erlöser an.

Ich bin mir bewusst, dass ich viel Mist gebaut habe. Ich habe … (hier gerne Konkretes benennen). Meine Schuldgefühle belasten mich schon länger.

Ich glaube, dass du der Sohn Gottes bist, dass du am Kreuz auch für mein Fehlverhalten gestorben bist und dass du am dritten Tag von den Toten auferstanden bist.

Ich nehme deine vollkommene Opfergabe für mich persönlich an und vertraue auf deine Gnade, deine Vergebung und darauf, dass du mir ewiges Leben schenkst.

Ich öffne mein Herz und bitte dich, in mein Leben zu kommen und es neu zu ordnen.

Empfange mich als dein Kind und gib mir deinen Heiligen Geist.

Offenbare mir deine göttliche Liebe!

Ich will nicht nur an dich glauben, ich will dir glauben, dir vertrauen!

Herr Jesus, übernimm du die Kontrolle über mein Leben. Verändere mich von innen heraus, führe mich in deiner Wahrheit und lass mich immer tiefer in deine Liebe eintauchen.

Danke, dass du mich annimmst und mein Erlöser bist. Danke für deine bedingungslose Liebe und Vergebung.

Ich vertraue dir mein Leben an und bin glücklich, dass ich jetzt ein Kind Gottes bin.

Amen.

Der humorvoll-satirische Moment

Reden hilft

Großer Aufruhr im Wald: Es geht das Gerücht um, der Bär habe eine Todesliste. Alle fragen sich, wer denn darauf steht.

Als Erster nimmt der Hirsch allen Mut zusammen, geht zum Bären und fragt ihn: »Sag mal, Bär, steh ich auf deiner Liste?«

»Ja«, sagt der Bär, »dein Name steht auf der Liste.«

Voll Angst dreht sich der Hirsch um und geht. Und wirklich, nach zwei Tagen wird er tot aufgefunden.

Die Angst bei den Waldbewohnern steigt immer mehr, und die Gerüchteküche um die Frage, wer noch auf der Liste steht, brodelt. Der Keiler ist der Nächste, dem der Geduldsfaden reißt. Er sucht den Bären auf und fragt ihn, ob er auch auf der Liste steht.

»Ja«, antwortet der Bär, »auch du stehst auf der Liste.«

Verängstigt verabschiedet sich der Keiler vom Bären. Auch ihn findet man nach zwei Tagen tot im Wald.

Nun bricht Panik bei den Waldbewohnern aus. Nur der Hase traut sich noch, den Bären aufzusuchen.

Er fragt: »Bär, steh ich auch auf der Liste?«

»Ja, auch du stehst auf der Liste.«

»Kannst du mich von der Liste streichen?«

»Ja klar, kein Problem.«

8

Wirklich frei!

Mehrfach in meinem Glaubensleben durfte ich im übertragenen Sinne eine männliche Hebamme sein und Gott persönlich
assistieren, als er die neue, geistliche Geburt bei einem Menschen
eingeleitet hat.

Was genau passiert in diesem Moment der Erlösung, der
Neuwerdung, kann ich nicht mit Worten beschreiben. Es lässt
sich nicht bei YouTube hochladen oder bei Instagram und Face-
book liken. Man kann es nur persönlich erleben. Es ist nicht
projizier- oder produzierbar. Allein die Kraft, die sich im Raum
ausbreitet und wirkt, ist so besonders, so echt, so stark und so
voller Liebe, dass dies ewig ein unbeschreibliches Geheimnis
bleibt. Ein Geheimnis allerdings, welches sofort vom Heiligen
Geist gelüftet wird und persönlich erfahr- und erlebbar ist, wenn
ich aus tiefstem Herzen ehrlich die Hand ergreife, die Gott mir
persönlich durch Jesus Christus entgegenstreckt.

Um es mit dem Untertitel dieses Buchs »Sorgen raus, Freude
rein« zu sagen: Ich habe niemals einen imposanteren Augenblick
erlebt, in dem geballte Lebensfreude sämtliche Sorgen kraftvoller
und radikaler hinwegfegt, als den Moment, wenn ein Mensch
ganze Sache mit Gott macht, Jesus in seiner Liebe mit dem Herzen erkennt und ihn aufnimmt.

Solche Momente sind wie Sternstunden für mich. Wenn ich eine persönliche Erfahrung in Gottes himmlischem Kreißsaal machen und diese Geburtshilfe leisten darf, sind das immer wieder ganz starke und tiefe Ermutigungen für mich.

Seit über dreißig Jahren lebe ich nun in einer persönlichen Gottesbeziehung. Dies bedeutet (leider) überhaupt nicht, dass ich seither die Welt um mich herum durch eine rosarote Brille wahrnehme und auf einer gleichfarbigen Wolke sorgenfrei durch meinen Alltag schwebe. Es wurde mit meiner Bekehrung kein unsichtbares Hinweisschild für die Sorgen vor mein Leben gehängt: »Wir müssen draußen bleiben!« Wie brutale Bettwanzen, die einem aus dem Nichts heraus im Schlaf in den Allerwertesten beißen, rote Flecken hinterlassen und ordentlich jucken, damit man sie nicht vergisst, haben mich Sorgen immer wieder attackiert. Und anstatt die heilende Salbe von Jesus aufzutragen, habe ich die juckenden Stellen immer wieder aufgekratzt und damit größer und größer gemacht. Habe die Sorgen meditiert und zu riesigen Monstern aufgeblasen.

Doch in keinem einzigen Moment seit meiner Bekehrung haben es irgendwelche Sorgen geschafft, meine göttliche Lebensfreude, die tief in meinem Inneren verankert ist und von dort immer wieder nach außen drängt, gänzlich zu ersticken. Genau daran werde ich in besonderer Weise erinnert, wenn ich einem Mitmenschen in sein neues Leben helfen darf.

Vor ein paar Tagen durfte ich dies wieder einmal persönlich erleben. Einem Freund, nennen wir ihn Klaus, war an einem Urlaubswochenende etwas Schlimmes passiert. Er hatte sich in eine gewaltvolle Situation begeben, aus der er sich nur mit Mühe im letzten Moment befreien konnte. Unter dem Missbrauch des Namens Jesus und buchstäblich unter einem überdimensionalen goldfarbenen Kruzifix wurde Klaus überschüttet und fast erdrückt von machtvollen, negativen Du-Botschaften. Während er auf dem Boden lag, stieß ein kräftiger Mann mit mahnendem und erhobenem Zeigefinger über ihm Flüche aus, die eine solche Angst in Klaus freisetzten, dass er sich nur unter größter Anstrengung zu einer anderen Person in der Nähe flüchten konnte. Körperlich in Sicherheit bekannte Klaus atemlos und angsterfüllt: »Ich habe gerade den Teufel gesehen!«

Wieder zu Hause erzählte er mir von diesem Erlebnis und davon, dass er seitdem mit starken Ängsten zu tun hatte. Er bat mich um Hilfe. Mir war schnell klar, dass ich einen weiteren Freund hinzuziehen wollte, den Pastor meiner Gemeinde, die auch Klaus seit einiger Zeit besuchte. In einer solchen Situation brauchte es einen Menschen mit geistlicher Autorität. Wir trafen uns also zu dritt und der Pastor redete mit unglaublicher Empathie und Liebe mit Klaus.

Bis zu diesem Tag hatte Klaus sich immer als »christlich« bezeichnet. Sein Glaube war ein spirituell-religiöser Cocktail aus viel Katholizismus, ein wenig Yoga, einer Prise Kalendersprüche und einem ordentlichen Schuss menschlicher Zuwendung. In der Vergangenheit hatte ich oft gedacht: Wenn Klaus Gott doch nicht immer nur im Außen suchen würde. In Symbolen oder indirekten Bestätigungen. Wenn er es doch zulassen würde, dass Gott ihm von innen heraus hilft. Ihn Schritt für Schritt von innen heraus heilt. Sorgen nicht nur von außen ordnet, sondern von innen her wegräumt.

Der Zeitpunkt war aber irgendwie nie da. Nie war ich wirklich innerlich frei, Klaus das Evangelium von Freund zu Freund zu predigen und ihm die Notwendigkeit einer ehrlichen inneren Entscheidung für ein Leben mit Jesus Christus aufzuzeigen. Der bekannte Arzt und evangelische Theologe Albert Schweitzer sagte: »Wer glaubt, ein Christ zu sein, nur weil er in die Kirche geht, der irrt sich. Man wird ja auch kein Auto, wenn man in eine Garage geht.«

So skeptisch ich religiöse Formen und Formeln und liturgische Zeremonien ohne die Leitung durch den Heiligen Geist sehe, so wichtig ist es mir, deutlich hervorzuheben, dass es unbedingt einer bewussten Entscheidung bedarf, dass man Christ werden und sein will. Da wird man nicht hineingeboren, auch nicht hineingetauft, -gefirmt oder -konfirmiert. Auch nicht hineingequatscht von übereifrigen Gläubigen. Dies ist weder gut noch sinnvoll. Außerdem ist so eine manipulierte Entscheidung für Christus unfrei und wird daher nie lange anhalten.

Das ist ja überhaupt das Wunderbare am christlichen Glauben. Gott will mit mir Gemeinschaft haben und eine Beziehung bauen!

Aber!

Aber freiwillig!

Er will eine klare, freiwillige Entscheidung. Ein bewusstes Ja, das aus meinem tiefsten Herzen kommt. Ähnlich wie meine Frau und ich uns vor über dreißig Jahren für die gemeinsame

Ehe entschieden und einander am Traualtar mit großer innerer Aufregung und Freude und natürlich freiwillig das Jawort für diese Ehe gegeben haben.

Ein Techtelmechtel ergibt sich, ein One-Night-Stand ergibt sich, eine Phase des Verliebtseins ergibt sich, niemals aber eine tiefgreifende Liebesbeziehung. Lang anhaltende Liebe ergibt sich nicht, sie hat viel mit bewusst entschiedener Hinwendung und genauso bewusst entschiedenem Sich-Zurücknehmen zu tun.

So wie ich eine sogenannte Zwangsehe niemals gutheißen kann und will, so lehne ich auch einen Zwangsglauben ab, eine durch indirekten Druck (»... sonst kommst du in die Hölle!«) herbeigeführte Entscheidung zu glauben.

Sollten auch Sie grundsätzlich offen für das Evangelium von Jesus Christus sein, eine wie oben beschriebene Entscheidung aber noch nie getroffen haben, so bleiben Sie einfach achtsam. Ich verspreche Ihnen, dass Gott genau den richtigen Moment für Sie vorbereitet und Sie ihn zur rechten Zeit in Ihrem Herzen erkennen werden!

Ganz sicher!

Denn auch Sie selbst können es nicht machen, Sie können die Geburt nicht selbst einleiten. Es ist allein Gottes Sache, Gottes Angelegenheit. Doch der Heilige Geist wird Ihnen den richtigen Zeitpunkt offenbaren und dies werden Sie ganz bestimmt wahrnehmen.

Vertrauen Sie darauf, dass Gott Ihnen dieses Geschenk machen will, so wie es in Epheser 2,8-9 beschrieben ist (NLB):

Weil Gott so gnädig ist, hat er euch durch den Glauben
gerettet. Und das ist nicht euer eigenes Verdienst; es ist
ein Geschenk Gottes. Ihr werdet also nicht aufgrund eurer
guten Taten gerettet, damit sich niemand etwas darauf
einbilden kann.

Genau so durfte auch Klaus den richtigen Moment in seinem Herzen erkennen. Es war eben der Moment, in dem wir zu dritt im Büro von Ulrich, dem Pastor, saßen. Ulrich nahm Klaus' Hände und bat ihn, ihm nachzusprechen. Dann betete Ulrich ein wirklich sehr vom Heiligen Geist inspiriertes sogenanntes Übergabegebet. Doch schon beim dritten Satz, den Klaus nachsprechen wollte, brach ihm die Stimme weg und er gänzlich zusammen. Er legte seinen Kopf auf Ulrichs Schoß und weinte bitterlich. Es haben schon oft Menschen in meiner Gegenwart geweint, aber dieses Weinen meines Freundes war so stark und besonders, so etwas hatte ich noch nie vorher erlebt.

Ich hatte das Gefühl, Klaus weine sämtliche Verletzungen und Misshandlungen heraus, die er erlebt hatte. All der Dreck und Ballast, all der Druck und Schmerz, der Klaus über Jahrzehnte in Ketten gehalten hatte, tropfte in Form von dicken Tränen von ihm ab und diese Tränen wurden von der Hose des Pastors aufgesogen.

Was für ein schönes Bild. Was für eine schöne Metapher. Ulrich, ein Vollblut-Pastor, ausgestattet mit unheimlich starker göttlicher Kraft und allem, was Jesus Christus seit seinem Tod und seiner Auferstehung den Kindern Gottes in kompletter Vollmacht zur Verfügung gestellt hat, hielt Klaus fest im Arm und entsorgte für ihn den ganz konkreten Müll, für den Jesus vor zweitausend Jahren gestorben war.

Ich saß dabei und spürte deutlich das geistliche Kraftfeld, in dem wir uns befanden. Im Stillen betete ich. Vor meinem geistigen Auge sah ich deutlich, wie Klaus ins Licht gezogen wurde. Nachdem auch die letzten Verletzungen herausgeweint waren, konnte er mit fester Stimme zusammen mit Ulrich das gesamte Gebet sprechen.

Eine enorm starke göttliche Kraft der Freude breitete sich im Pastorenbüro aus. Schließlich meinte Ulrich, er wolle uns beide nun mal alleine lassen, und verließ das Büro.

Klaus nahm mich zunächst lange in den Arm und dann redeten wir miteinander. Ich konnte es kaum glauben, aber das Ängstliche, das Unsichere, das Klaus immer irgendwie ins Gesicht geschrieben war und das irgendwo hinter seinen Augen seinen Blick nie ganz frei gelassen hatte, war weg. Vollkommen weg!

Den Tag, an dem Klaus, Ulrich, Vater, Sohn, Heiliger Geist und ich gemeinsam im Pastorenbüro gebetet haben, hat Klaus sich als zweiten Geburtstag fest in seinen Kalender eingetragen.

Zwei Wochen später sprach ihn bei einer Tasse Kaffee nach dem Gottesdienst eine Frau aus der Gemeinde an, die nichts von seiner Bekehrung wusste. Sie fragte: »Du, Klaus, was ist mit dir? Du hast irgendwie so einen befreiten und freudigen Blick.« Ja, so war es.

Auch in der Behörde, in der Klaus seit vielen Jahren arbeitet, wurde er von seinem Vorgesetzten gefragt, was mit ihm los sei, er sei so entspannt und irgendwie anders. Darauf antwortete Klaus, oder vielleicht antwortete es auch in ihm: »Du! Ich bin jetzt in der Liebe Gottes unterwegs!«

Diese Frische, dieser positive christliche Übermut, die Freude, die von innen kommt, die spontane Glaubensbezeugung, das ist es, was ich persönlich so sehr bei Menschen liebe, die frisch aus dem geistlichen Kreißsaal kommen.

9

Kostbarer?! – Meine göttliche ID

... Seid ihr denn nicht viel kostbarer als sie?

Zugegeben, der Umgang mit diesem Teil von Vers 26 aus meinem Lieblingsgleichnis fällt mir nicht ganz leicht.

Anfang der Neunzigerjahre, als ich Christ geworden bin, war ich überglücklich, ja fast ein wenig stolz, als man mir mitteilte, ich sei die Krone von Gottes Schöpfung und direkt nach seinem Bild geschaffen worden. Plötzlich war ich nicht mehr der Unvollkommene mit den kurzen Armen, der Unfall der evolutionären Entwicklung.

An dieser Freude in meinem Herzen hat sich bis heute nichts geändert. Im Gegenteil. Aus anfänglicher Euphorie ist mittlerweile ein gefestigtes Selbstbewusstsein gewachsen, ähnlich wie in meiner Ehe mit Kerstin aus anfänglichem Verliebtsein eine gefestigte, tiefe Liebe gewachsen ist.

Mein göttliches Selbstbewusstsein bedeutet nichts anderes, als dass ich heute ein gesundes Bewusstsein darüber habe, wer ich bin. Heute weiß ich aus tiefster Überzeugung: Gott ist bei meiner Erschaffung nicht blöderweise unterbrochen worden und hat deshalb vergessen, die Arme etwas länger zu machen und ein paar Finger mehr zu kreieren, nein:

Ich bin fertig entwickelt! Genau so, wie ich bin.

Und Sie? Wenn Sie an das Wunder der Erlösung durch Jesus Christus glauben und eine lebendige Beziehung zu Gott haben, dann sind Sie es auch! Ganz egal welche Gedanken über irgendwelche Unzulänglichkeiten Ihnen jetzt in den Kopf schießen: Sie sind fertig entwickelt!

Um dies besser zu verstehen, müssen wir wieder in die Welt des Unsichtbaren hineinblicken. In die göttliche, geistliche Wirklichkeit, die Himmelswelt, wie die Bibel sie nennt. Dorthin, wo die Schlacht geschlagen wird.

Denn wir haben nicht mit Fleisch und Blut zu kämpfen, sondern mit Mächtigen und Gewaltigen, mit den Herren der Welt, die über diese Finsternis herrschen, mit den bösen Geistern unter dem Himmel.
Epheser 6,12

Lassen Sie uns dorthin schauen, wo Jesus den Krieg mit seiner bedingungslosen Liebe bereits für mich und für Sie gewonnen hat. Etwas weg von dem, was wir direkt sehen, hören, riechen, schmecken, greifen, ja *be*greifen können. Dorthin, wo nicht Wissenschaft Wissen schafft, sondern Glaube tiefe innere Gewissheit, und wo Vertrauen entsteht, das über jeden Zweifel erhaben ist – so wie es in Hebräer 11,1 beschrieben ist (MENG):

Es ist aber der Glaube ein zuversichtliches Vertrauen auf das, was man hofft, ein festes Überzeugtsein von Dingen, die man mit Augen nicht sieht.

Keine Ärztin und kein Physiotherapeut, überhaupt kein Mensch mit gesundem Menschenverstand würde sich hinstellen und behaupten, ein Mann, dem fast die kompletten Arme, Handknochen und zahlreiche Finger fehlen, sei fertig entwickelt.

Ja, ja, der gesunde Menschenverstand. Auch er ist eine wunderbare Erfindung und Gabe Gottes, genau wie alle anderen Teile des menschlichen Organismus. Zum Beispiel der Darm. Aber so wenig, wie ich mit dem Darm ein Liedchen singen kann, auch wenn manch eine(r) glaubt, seine Darmgeräusche würden sich melodisch anhören, so wenig kann der Verstand alles erfassen.

Niemand, und sei er noch so gelenkig, würde versuchen, sich mit den Ohren den Hintern abzuwischen oder mit den Lippen die Zehnägel zu schneiden. Nur der Verstand glaubt, er sei ein Alleskönner, wisse alles und erfasse alles, und was er nicht auf dem Radar hat, das gebe es nicht. Darf es nicht geben, ist nicht möglich.

Dabei arbeitet der Verstand ständig mit Vergleichen und mit dem Abgleichen von Wahrscheinlichkeiten, schöpft all seine Substanz aus der Wissenschaft und aus dem Sichtbaren, aus dem mit unseren Sinnen Wahrnehmbaren.

»Wissen ist Macht!«, hat der englische Philosoph Francis Bacon einmal gesagt. »Nichts wissen macht auch nichts!«, hat die Satire daraus gemacht.

Jawohl: Wissen bewirkt Weiterentwicklung, Fortschritt, Wohlstand, Erfolg, fördert die Gesundheit, ist so unendlich hilfreich und vieles mehr.

Wissen gibt auch Sicherheit, aber diese Sicherheit ist begrenzt. Es gibt keine Sicherheit in Bereichen, die nicht messbar sind. Es ist keine Sicherheit über den Tod hinaus.

Wissen kann Ängste lindern. Wenn ich beispielsweise einen starken Druck in der Brust spüre und sich die Befürchtung in mir breitmacht, dass ich unmittelbar vor einem Herzinfarkt stehe, dann ist es gut und mehr als hilfreich, wenn ein EKG und gegebenenfalls eine Herzkatheteruntersuchung Aufschluss über meine Herzgesundheit geben und ein Kardiologe mit entsprechendem (Fach)wissen Entwarnung signalisiert. Es ist gut, zu wissen, dass eine rot gefärbte Herdplatte heiß ist und ich mir schwere Verbrennungen zuziehen kann, wenn ich drauffasse.

Mir persönlich wird regelmäßig ein recht gutes Allgemeinwissen attestiert. Trotzdem hat mich mein Wissen schon manches Mal im Stich gelassen und ich habe gelernt beziehungsweise ich bin dabei, weiter zu lernen, Gottes Allmacht und seine Möglichkeiten nicht durch Wissen zu beschränken.

Ich bin dankbar für meinen Verstand, aber ich verlasse mich nicht mehr (ausschließlich) auf ihn, sondern halte es immer mehr mit den Worten aus Sprüche 3,5-6:

Verlass dich auf den Herrn von ganzem Herzen, und verlass dich nicht auf deinen Verstand, sondern gedenke an ihn in allen deinen Wegen, so wird er dich recht führen.

Der zweite Teil, »sondern gedenke an ihn in allen deinen Wegen, so wird er dich recht führen«, bezieht sich auf eine innere Führung durch den Heiligen Geist. Kenneth E. Hagin, ein nicht unumstrittener einflussreicher Prediger aus den USA, der 2003 verstorben ist, nennt dies das »innere Zeugnis«. Eine zutreffende und hilfreiche Beschreibung, die ich mir zu eigen gemacht habe.

Dass Menschen mit Behinderung in verschiedenen Bereichen mehr Hilfe benötigen, stimmt. Dass ihr Leben weniger wert ist als das von Menschen ohne Behinderung, stimmt nicht.

Ich persönlich lasse mir gerne helfen und verlasse mich auf Menschen, wenn sie mich beispielsweise festhalten, wenn ich keinen Halt habe. Ich verlasse mich aber nicht mehr auf Bewertungen anderer über mich. Hier verlasse ich mich auf den Heiligen Geist in mir. Er spricht die Wahrheit! Er ist der Geist der Wahrheit!

Meine himmlische ID lautet GAL326. Dies ist meine Identität in der geistlichen, in der unsichtbaren Welt. Diesen Wert hat Gott mir verliehen. Höchstpersönlich! GAL326 steht für Galaterbrief, Kapitel 3, Vers 26 (GNB):

Ihr alle (auch Bernd Richard Hock) seid jetzt mündige Söhne und Töchter Gottes – durch den Glauben (nicht durch die Wissenschaft) und weil ihr in engster Gemeinschaft mit Jesus Christus verbunden seid.

Gott selbst nennt mich seinen Sohn. Ich stehe in der direkten Nachfolge des Erstgeborenen, des Sohnes Gottes, Jesus Christus, der selbst Gott ist. Dieser Jesus Christus lebt in mir und somit habe ich in der unsichtbaren Welt eine göttliche Identität.

Es gibt nichts Kostbareres für mich!

Genau dies ist gemeint, wenn in Vers 26 steht: »Seid ihr denn nicht viel kostbarer als sie (die Vögel)?«

Mit anderen Worten sagt Gott zu mir und allen seinen Kindern: »Hab doch bitte Vertrauen zu mir! Wenn ich mich schon um die Vögel kümmere, glaubst du dann im Ernst, dass ich meine Söhne und Töchter, die ich nach meinem Bild geschaffen habe, im Stich lasse? Niemals!«

Der Vers bedeutet aber ausdrücklich nicht, dass wir Menschen Tiere und Pflanzen behandeln dürfen, als seien sie nichts wert. Viel zu lange und viel zu häufig hat der Mensch als »Krone der Schöpfung« diese Schöpfung misshandelt, ausgebeutet und zerstört. So ein Verhalten lässt sich mit keinem einzigen Vers aus der Bibel rechtfertigen.

Der praktische Moment

Nehmen Sie sich für diese Übung 30 Minuten Zeit.

Betrachten Sie einen Moment Ihren Personalausweis, Ihren Reisepass oder gegebenenfalls Ihren Schwerbehindertenausweis, Seniorenausweis, Studentenausweis oder irgendein anderes Ausweisdokument.

Lesen Sie laut vor, was genau auf diesem behördlichen Dokument steht. Vorder- und Rückseite. Auch die Ausweisnummer, die sogenannte ID.

Ihr Name in Kombination mit Ihren Körpermerkmalen (Foto, Augenfarbe und Größe) sowie der Ausweisnummer beziehungsweise Identifikationsnummer, das sind Sie, wenn Sie beispielsweise im Straßenverkehr oder sonst wo von der Polizei angehalten werden.

Nun bitte ich Sie, folgende Wahrheiten, die Ihre ID vor Gott ausmachen, langsam und laut auszusprechen. Ich habe mir diese nicht ausgedacht, sie sind alle biblisch belegbar. Los geht's:

Ich bin Vorname(n) Zuname(n).

Gott kennt mich persönlich.

Ich bin ein wertvoller Teil seiner Schöpfung.

Ich bin eine Tochter/ein Sohn Gottes. Bin sein geliebtes Kind!

Auch wenn ich dies im Moment nicht spüre und nicht fühlen kann, so ist es doch absolut wahr: Ich bin Gottes geliebte Tochter/Gottes geliebter Sohn.

Ich kann nicht verloren gehen.

Ganz gleich, was mich im Sichtbaren stört: Ich bin fertig entwickelt!

Ich bin richtig!

Ganz gleich, was ich in meiner Ursprungsfamilie erlebt habe, Gott hat mich gewollt. Gott will mich!

Mit dem Heiligen Geist bin ich bestens ausgestattet.

Ich darf meinem inneren Zeugnis vertrauen.

Ich kann diesen Moment jetzt gerade aushalten.

Ich kann und darf diesen Moment jetzt genießen.

Nun sprechen Sie bitte diese Bekenntnisse noch einmal. Diesmal aber stellen Sie Ihr Mobiltelefon vor sich und zeichnen sich selbst mit einem kleinen Selfie-Video auf. Schauen Sie sich das Video an und erneuern Sie die Aufnahme so lange, bis Sie sich selbst für glaubwürdig halten.

Der humorvoll-satirische Moment

Verirrt

Ein Mann in einem Heißluftballon hat sich verirrt. Er geht tiefer und sichtet am Boden eine Frau. Er sinkt noch weiter ab und ruft: »Entschuldigung, können Sie mir helfen? Ich habe einem Freund versprochen, ihn in einer Viertelstunde zu treffen, und ich weiß nicht, wo ich bin.«

Die Frau am Boden antwortet: »Sie sind in einem Heißluftballon in ungefähr 10 Meter Höhe über Grund. Sie befinden sich zwischen dem 40. und 41. Grad nördlicher Breite und dem 59. und 60. Grad westlicher Länge.«

»Sie müssen Ingenieurin sein«, sagt der Ballonfahrer.

»Bin ich«, antwortet die Frau, »woher wissen Sie das?«

»Nun«, sagt der Ballonfahrer, »alles, was Sie sagten, ist technisch korrekt, aber ich habe keine Ahnung, was ich mit Ihren Informationen anfangen soll. Und Fakt ist, dass ich immer noch nicht weiß, wo ich bin. Offen gesagt, waren Sie keine große Hilfe. Sie haben höchstens meine Reise noch weiter verzögert.«

Die Frau antwortet: »Sie müssen im Management tätig sein.«

»Ja, genau«, antwortet der Ballonfahrer, »aber woher wissen Sie das?«

»Nun«, sagt die Frau, »Sie wissen, weder wo Sie sind noch wohin Sie fahren. Sie sind aufgrund einer großen Menge heißer Luft in Ihre jetzige Position gekommen. Sie haben ein Versprechen gemacht, von dem Sie keine Ahnung haben, wie Sie es einhalten können, und erwarten von den Leuten unter Ihnen, dass diese Ihre Probleme lösen. Tatsache ist, dass Sie in exakt der gleichen Lage sind wie vor unserem Treffen, aber jetzt bin irgendwie ich schuld.«

10

Sorgen sind keine lebensverlängernden Maßnahmen

Wer von euch vermöchte aber mit all seinem
Sorgen der Länge seiner Lebenszeit auch nur eine
einzige Spanne zuzusetzen?
Matthäus 6,27; MENG

Über viele Jahre habe ich schlecht für mich gesorgt. Ich habe
eigentlich immer zu viel gegessen, meist das Falsche zur falschen
Zeit. Ich habe mich zu wenig bewegt und wurde daher immer
behäbiger und unbeweglicher. Außerdem habe ich zu viel gearbeitet. War immer zu jeder Zeit für jede und jeden da. Stand zur
Verfügung, um zu helfen, wenn es nötig war.

Die Sorglosigkeit, mit der ich mit mir selbst umgegangen
bin, der Raubbau, den ich an meinem Körper und meiner Psyche betrieben habe, hat den Menschen in meiner allernächsten Umgebung, den Menschen, die mich lieben, große Sorgen
bereitet.

Auch jetzt, in dem Moment, in dem ich dieses Büchlein schreibe, stehe ich in puncto Achtsamkeit mit mir selbst noch ganz am Anfang. Das, was ich bereits gelernt habe, was ich tief verinnerlicht, ja internalisiert habe, das versuche ich Ihnen auf diesen Seiten von Herzen weiterzugeben:

Leben Sie im JETZT!

Genießen Sie genau diesen Moment in Ihrem Leben! Suchen Sie genau jetzt etwas, das Sie genießen können. Was schön ist. Was schön ist genau in diesem Moment.

Auch wenn es ein Moment ist, der auf den ersten Blick nichts Schönes offenbart. Wenn Sie vielleicht gerade im Krankenhaus an eine Infusion und mehrere Apparate angeschlossen sind oder auf andere Weise durch eine schwere Zeit gehen.

Vielleicht können Sie sogar in so einem leidvollen Augenblick einmal tief durchatmen und überzeugt und mit Autorität aussprechen: Moment, ich lebe gerade!

Für sich und andere sorgen, sich und andere versorgen bewirkt immer etwas, hilft immer, ist immer gut und sinnvoll.

Mal einen reizvollen Arbeitsauftrag ablehnen.

Mal über mehrere Stunden das Mobiltelefon weglegen.

Mal einen ausgiebigen Spaziergang an der frischen Luft machen.

Sich mal mit guten Freundinnen und Freunden zum Quatschen treffen.

Sich gesund und in Maßen ernähren.

Für all diese Dinge Sorge zu tragen, ist vernünftig, gut und ganz gewiss gesund.

Wenn ich diese und andere gute Ratschläge einhalte, so ist die Wahrscheinlichkeit, dass ich damit mein Leben verlängere, aus biologischer und medizinischer Sicht gegeben. Ich kann mit dieser Art, für mich zu sorgen, durchaus meiner Lebenslänge die eine oder andere Spanne hinzusetzen und sollte meiner Meinung nach auch nach diesen Verhaltensweisen streben.

Wenn ich schreibe: »Die Sorglosigkeit, mit der ich mit mir selbst umgegangen bin ...«, dann ist dies eine Beschreibung aus der Beobachterperspektive. Nach Sorglosigkeit sah das Ganze nämlich nur oberflächlich von außen betrachtet aus. Im tiefsten Inneren, häufig auch unterbewusst, habe ich mir viele Sorgen um meine Gesundheit und mein Leben gemacht. Streckenweise rund um die Uhr, »24/7«, wie man heute so schön sagt. So wie ich es in der Begegnung mit dem Kohlmeisen-Männchen in meinem Garten beschrieben habe, begleiteten mich eigentlich täglich Sorgen, die meiner Lebensfreude sämtliche Nährstoffe entzogen.

Wie soll das werden, wenn ich tatsächlich einmal stürze?
Ich kann ja noch nicht mal mehr aufstehen.
Werde ich einen Schlaganfall bekommen?
Werde ich einen Herzinfarkt bekommen?

Dann die dauernden Ängste, ein früher Pflegefall zu werden. Natürlich waren auch ständig irgendwelche Sorgen um meine Familie oder finanzielle Angelegenheiten mit dabei.

Ein Sorgen-Cocktail aus der Teufelsküche, serviert von Geistern aus der unsichtbaren Welt. Diese mussten nicht einmal Gewalt anwenden, um mir das Gesöff einzuflößen. Nein, ich griff täglich freiwillig danach und schüttete mir diesen Sorgen-Trank auf Ex hinter die Binde.

An meinem Verhalten, meiner Lebensweise veränderte ich nichts. Ich übernahm nicht einmal Verantwortung dafür. Wenn überhaupt, verlagerte ich lebensverändernde Maßnahmen nach außen. Andere mussten mich ständig trösten, mich immer wieder ermutigen (»Das wird schon nicht so schlimm!«). Ärztinnen und Ärzten stellte ich so lange Suggestiv-Fragen, bis sie mir die Antwort gaben, die ich hören wollte. Hauptsache, ich fand am Ende immer jemanden, die oder der mir versicherte: »Bernd, das wird alles wieder gut!« Und die fiesen Unterweltgeister säuselten sofort einen Untertitel hinterher: »… und du musst nichts dafür tun, Bernd!«

Noch heute muss ich sehr achtsam sein, in medizinischen Angelegenheiten einer fachfremden Person, die mir gut zuredet, mich unbegründeterweise tröstet und mir sagt, was ich hören möchte, nicht mehr Vertrauen zu schenken als jemandem, der mit ausgeprägter Fachkompetenz Tacheles mit mir redet.

Besonders missbraucht habe ich in diesem Bereich meine wunderbare Ehefrau Kerstin, die schon sehr früh Dinge richtig erkannt hat, die ich nicht sehen und hören wollte. Nun muss ich leider dem Sprichwort gemäß fühlen. So manches körperliche Leid, manche Schmerzen wären mir bestimmt erspart geblieben, wenn ich mir nicht dieses heftige Übergewicht angefressen hätte.

Doch es ist niemals zu spät, um umzukehren, Verantwortung zu übernehmen, im Jetzt zu leben. Dies lerne ich mehr und mehr. Ich habe meine Ernährung umgestellt und lerne Schritt für Schritt, mich mehr zu bewegen. Immer in dem Bewusstsein: »Moment, ich lebe gerade!« Gerade jetzt lebe ich und so, wie ich im Moment bin, so bin ich von Gott geliebt.

Ich will jetzt für mich sorgen und Gott für mich sorgen lassen! Glaube Gott und traue ihm zu, dass er genau weiß, was gerade jetzt wichtig und richtig für mich ist. Gott ist ein Gott, der mir wohltun will. Der mir wohltut, wenn ich ihn lasse.

»Mir ist wohl in dem Herrn« heißt ein alter Chorus von Horatio Spafford, den ich sehr liebe. Früher habe ich mich besonders wohlgefühlt, wenn ich für Gott etwas geleistet hatte. Wenn ich ihm dienen konnte und glaubte, mich besonders fromm zu verhalten. Halleluja!

Ich durfte erkennen, dass Gott in allererster Linie mein Wohlergehen im Blick hat. Er möchte, dass es mir gut geht! Nicht in erster Linie mit, sondern in ihm!

In meiner Heimat, im Pfälzer Wald, gibt es kleine Schutzhütten für Wanderer, die von einem aufziehenden Gewitter überrascht werden. Wenn es darum geht, dass ich durch diese Hütten vor Blitz und Starkregen geschützt bin, macht es einen signifikanten Unterschied, ob ich sie lediglich von außen betrachte, ihren Zustand beurteile und für gut befinde, dass der Pfälzerwald-Verein sich mit solchen Hütten um die Wandersleute kümmert, oder ob ich mich komplett in eine solche Hütte hineinbegebe und dort verweile.

Natürlich ist bei alledem der Heilige Geist auch ein Tröster und Gott niemals ein Überforderer. Einmal hatte ich am linken Oberschenkel ein Oberflächenaneurysma an einer Vene. Daraus entwickelte sich eine Thrombose und ich wurde notfallmäßig in einer Klinik untersucht. Ich musste starke Medikamente nehmen und die Ärztin machte mich sehr deutlich darauf aufmerksam, dass gerade bei meinem Übergewicht so etwas auch mal zu einer schweren Lungenembolie und somit zum Tode führen konnte. Als es mir besser ging, habe ich angefangen, ausgiebige Spaziergänge zu machen, damit das Blutgerinnsel sich auflöst und möglichst keins mehr entsteht. Plötzlich konnte ich mich bewegen!

Aber die Motivation hierfür war leider Angst! Statt mich darüber zu freuen, dass ich jetzt so viele Spaziergänge an der frischen Luft machte, kreisten meine Gedanken permanent um mein etwaiges Lebensende. Ich wollte so gerne eine Sicherheit von Gott, dass ich demnächst bald sterben würde. Im Gebet sagte ich ihm dies genau so. Tatsächlich hatte ich später in einer Gebetszeit den klaren Eindruck, dass ich genauso alt werden würde wie meine Omi, nämlich 96 Jahre! Wow!

Doch ich war immer noch nicht zufrieden. Ich wollte so gerne von Gott eine Bestätigung dafür, dass ich richtig gehört hatte. Bitte halten Sie mich jetzt nicht für total naiv, aber schreibe einfach ganz ehrlich, wie es war:

Bei meinem nächsten Spaziergang am folgenden Morgen, sonntags so gegen sieben Uhr, betete ich in dem kleinen Wäldchen, in dem ich unterwegs war, und bat Gott um ein klares Zeichen. Ich wäre nicht ich, wenn ich dieses Zeichen, welches ich mir wünschte, nicht auch klar beschrieben hätte: Gott möge zur Bestätigung, dass ich 96 Jahre alt werde, einen Menschen an mir vorbeigehen lassen, der mich nicht kennt und mich außergewöhnlich freundlich grüßt. Das Ganze bitte, bevor ich das Wäldchen verlasse und einen Fuß auf den angrenzenden Parkplatz setze.

Mir war bewusst, dass ich mit diesem Zeichen ein mittelschweres Wunder erbat. Zum einen trifft man um diese Zeit in dem Wäldchen nur sehr wenige Menschen. Die, die man trifft, drehen nur schnell eine Runde mit ihrem Hund oder sie haben Stöpsel im Ohr und sind mit der Wahrnehmung woanders oder sie sind noch nicht richtig wach und komplett in Gedanken versunken.

Zum anderen ist es für Norddeutschland und besonders den Hamburger Raum, in dem ich seit Anfang der Neunzigerjahre lebe, sehr untypisch, dass Menschen einen einfach so grüßen, schon gar nicht, wenn sie einen nicht kennen. Dies wurde mir einmal mit der sogenannten hanseatischen Zurückhaltung erklärt.

Ich war also bereits eine knappe Stunde unterwegs und begegnete nur wenigen Leuten. Keiner davon machte auch nur leise Anstalten, mich zu grüßen. Schließlich befand ich mich auf der letzten Etappe, einer geraden Wegstrecke, und konnte in ungefähr einhundert Meter Entfernung bereits den Parkplatz sehen.

Eine Frau auf einem Fahrrad, deren Hund an der Leine nebenherlief, fuhr gerade von dort in den Wald hinein. Plötzlich lief ihr der Hund quer vors Rad, sodass sie schnell abspringen musste, um nicht zu stürzen. Die Leine hatte sich total im Vorderrad verheddert und die Frau rief genervt und ungehalten: »Du blöder Hund! Kannst du nicht einfach neben mir herlaufen?«

Sie stöhnte laut. Ich war jetzt schon recht nah bei ihr und wusste, wenn ich an ihr vorbei bin, dann fehlen mir noch höchstens zehn Schritte bis zum Parkplatz. Sie war also meine letzte Chance!

Ich überlegte schon, mich laut zu räuspern oder irgendwelche Hüpfbewegungen zu machen und ein fröhliches Liedchen zu trällern, um die Frau zu einem Verlegenheitsgruß hin zu manipulieren. Aber ich unterließ es.

Okay, ich habe mich verhört, ich werde bestimmt nicht 96 Jahre alt, dachte ich resigniert, denn die Frau blickte nur auf den Boden, nestelte an der Hundeleine herum und brummelte etwas vor sich hin. Ich schaute bewusst in ihre Richtung und ging, zugegebenermaßen etwas traurig, an ihr vorbei.

Als ich direkt neben ihr war, hob sie ganz plötzlich, vollkommen aus dem Nichts ihren Kopf, schaute mir direkt in die Augen und meinte: »Ach herrje, das ist alles verheddert hier. Ich glaube, das ist nicht mein Tag heute. Am besten radle ich nach Hause und packe mich wieder ins Bett.«

Ich wusste nicht, wie ich reagieren sollte, und blickte einfach durch die ältere Frau hindurch. Ihr kleiner Hund blickte mich aus der Frosch- beziehungsweise Pinscher-Perspektive an und wedelte mit dem Schwanz. Normalerweise hätte ich das Tier jetzt gestreichelt und irgendetwas Aufmunterndes zu seinem Frauchen gesagt. Aber nicht heute. Stattdessen wandte ich mich ab, um weiterzugehen.

Da hob die Dame noch einmal an: »Aber was belästige ich Sie hier mit meinem Frust?! Erst mal wünsche ich Ihnen einen schönen guten Morgen!«

In mir zündete augenblicklich ein Feuerwerk der Freude. Ich erwiderte ihren freundlichen Gruß, begann den Hund zu streicheln und musste mich zusammenreißen, um sein Frauchen nicht zu küssen. Dann spazierte ich in dem Bewusstsein, einmal ein alter, ja, ein sehr alter Mann zu werden, nach Hause.

Gott hat Humor!

Zugegeben, ein solcher Kuhhandel mit Gott ist schon recht skurril und ich spreche in keinster Weise eine Empfehlung dafür aus. Was mir da in dem kleinen Wäldchen passiert ist, hat mir aber einmal mehr Gottes uneingeschränkte Großherzigkeit demonstriert. Es kommt ihm einfach auf unsere Herzenshaltung an. Gott hat meine innere Not gesehen und dass ich mich mit einem ehrlichen Hilferuf in einer übertriebenen Angst an ihn gewendet habe. Dabei ist Gott kein Psychoanalytiker, der nichts kommentiert, sondern er ist einfach da!

Überhaupt kann ich aus tiefster Überzeugung bekennen, dass Gebet, ehrliche Zwiesprache mit Gott mich immer weitergebracht hat.

Die rhetorische Frage in Matthäus 6,27: »Wer von euch vermöchte aber mit all seinem Sorgen der Länge seiner Lebenszeit auch nur eine einzige Spanne zuzusetzen?«, ist eigentlich eine Binsenweisheit.

Allerdings macht es einen großen Unterschied, ob ich etwas mit dem Verstand weiß oder mit dem Herzen glaube. Dieser

Vers ist wieder ein Beweis dafür, dass man die Bibel nicht lesen kann wie eine Enzyklopädie oder einen Roman. Inspiriert durch den Heiligen Geist in einem ehrlichen, ernst gemeinten Gebet wird dieser Vers zu einer Kraftkeule, die Sorgen aus dem Weg räumt, Lebensfreude Platz macht und dafür sorgt, dass wir den Moment leben können.

Probieren Sie es doch einmal aus!

Moment!
Wie wäre es mit:
   Jetzt gleich?!

Der praktische Moment

Die heutige Übung benötigt etwas Vorbereitung. Nehmen Sie einen alten Rucksack, den Sie nicht mehr benötigen, oder kaufen Sie sich einen ganz billigen (vielleicht gebraucht?) oder nehmen Sie einen, der robust genug für diese Übung ist. Machen Sie diese Übung nur, wenn es Ihre Gesundheit zulässt.

Besorgen Sie sich zehn große Steine von mindestens 15 bis 20 Zentimeter Größe. Außerdem brauchen Sie einen schwarzen wasserfesten Faserstift, einen sogenannten Permanent- oder Acrylmarker.

Alternativ können Sie kleinere Steine wählen, die dem entsprechen, was Sie tragen können, ohne Ihrer Gesundheit zu schaden.

Notieren Sie nun zehn Sorgen, die Sie sich in der letzten Zeit gemacht haben und die Sie kein Stück weitergebracht haben. Die Ihnen eher den Augenblick vermiest haben, ohne irgendetwas zu bringen. Natürlich dürfen es auch Sorgen sein, die immer wiederkehren und Ihnen das Leben schwer machen. Genau um diese Symbolik geht es nämlich bei dieser Übung: Sorgen beschweren Ihr Leben!

Schreiben Sie mit dem Permanentmarker auf jeden der Steine eine Sorge. Nun packen Sie alle Steine (und eventuell eine kleine Schaufel, siehe unten) in den Rucksack und setzen ihn auf.

Sie können die Steine auch in einer Tasche tragen, so wie es Ihnen möglich ist.

Machen Sie jetzt einen Spaziergang und tragen Sie die ganze Zeit den Rucksack auf dem Rücken. Machen Sie sich bewusst, wie Sie dieses zusätzliche Gewicht belastet. Fühlen Sie ganz bewusst die Schwere. Machen Sie sich auch bewusst, dass die Tatsache, dass Sie die Sorgen immer weiter meditieren, Ihren Rücken nicht entlastet.

Gehen Sie nun an einen Ort, wo Sie ungehindert und ganz legal ein Loch für die Steine graben dürfen. Sollten Sie an der Küste oder an einem See wohnen, gehen Sie mit dem Rucksack dorthin. (Bitte nicht an eine Badestelle.)

Machen Sie es sich gemütlich und laden Sie den Heiligen Geist in einem Gebet ein, Ihnen ganz tief im Herzen Matthäus 6,27 neu aufzuschließen.

Nun nehmen Sie Stein für Stein und lesen die darauf notierte Sorge laut vor. Danach schmeißen sie den Stein mit voller Wucht in den See, ins Meer oder in das Loch, welches Sie vorher gebuddelt haben. Verfahren Sie mit allen Steinen und mit allen Sorgen genauso. Hinterher buddeln Sie das Loch wieder zu.

Machen Sie sich bewusst, dass Sie die Sorgen nun dort lassen, wo Sie sie hingeworfen haben. Dabei hilft es, den leeren Rucksack aufzuziehen und deutlich zu spüren, welches Gewicht, welche Last Sie jetzt nicht mehr zu tragen haben.

Ähnlich wie in Kapitel 3 stellen Sie sich vor, wie die Steine an Jesus zerschmettern, in kleine Bröckchen zerfallen, sich auflösen und Jesus nichts anhaben können.

Alle eure Sorge werft auf ihn; denn er sorgt für euch.
(1. Petrus 5,7; MENG)

Wenn Sie möchten, können Sie zum Abschluss noch in dem Bewusstsein beten, dass dieses Werfen und *Ent-Sorgen* in Zukunft auch mitten bei der Arbeit funktioniert, wenn Sie keine Steine, keinen Stift und keinen See zur Hand haben. Denken Sie dann einfach an diese Aktion und werfen Sie die Sorgen gedanklich auf Jesus.

Wenn es Ihnen nicht möglich ist, diese Übung durchzuführen, kann es auch hilfreich sein, die Sorgen auf Zettel zu schreiben, im Gebet zu Jesus zu bringen und anschließend in einer Feuerschale zu verbrennen.

Der humorvoll-satirische Moment

Lehrersorgen

Beim Abendessen spricht der Vater seinen elfjährigen Sohn an:
»Lars, ich habe heute mit deinem Lehrer telefoniert.«

Lars: »Und?«

Der Vater: »Der Lehrer macht sich große Sorgen wegen deiner Leistungen und deiner Versetzung.«

Darauf Lars gelassen: »Ach Papa, was gehen uns die Sorgen anderer Leute an!«

11

Statt Wachstum meditieren, schauen, wie es wächst

Und warum sorgt ihr euch um die Kleidung?
Schaut die Lilien auf dem Feld an, wie sie wachsen:
Sie arbeiten nicht, auch spinnen sie nicht. Ich sage euch,
dass auch Salomo in aller seiner Herrlichkeit nicht
gekleidet gewesen ist wie eine von ihnen.
Matthäus 6, 28-29

Als wir vor vielen Jahren mit unserer Tochter Urlaub auf der Insel Fehmarn machten, blickte eine alte Dame in den Kinderwagen, schaute dann meine Frau und mich an und meinte unvermittelt: »Genießen Sie die Zeit! Sie werden so schnell groß! Die Kinder wachsen so schnell!«

Meine Frau und ich genossen es wirklich sehr, Eltern zu sein. Wir liebten unsere Annika von Anfang an. Doch gerade in dieser Zeit förderten die durch Blähungen hervorgerufenen nächtlichen Schreiphasen eher den Wunsch, die Zeit möge doch deutlich schneller voranschreiten und das Wachstum unseres Kindes beschleunigen.

Diesen Aspekt, das Wachsen, welches auch in Vers 28 genannt wird, möchte ich hier etwas mehr ausleuchten: »Betrachtet die Lilien auf dem Felde, wie sie wachsen!« (MENG).

Wie bereits beschreiben führt Hinsehen und Betrachten dazu, dass wir das Gute tiefer in uns aufnehmen, und das wiederum hilft dabei, Sorgen aus dem Weg zu räumen und neuer Lebensfreude Platz zu machen. Jetzt soll es um das Beobachten des Wachsens gehen. Nicht so sehr um das Ergebnis, das Wachstum, sondern um das Begleiten des Wachstumsprozesses.

In dem Bibelvers werden wir dazu aufgefordert, die Lilien beim Wachsen, also in ihrem Großwerden, zu beobachten. Den Prozess zu begleiten, vielleicht etwas daran teilzuhaben. Das ist in diesem konkreten Beispiel gar nicht so leicht.

In meinem kleinen Gartenteich habe ich in einer Ecke Wasserlilien gepflanzt und auf der Wasseroberfläche schwimmen zahlreiche wunderschöne Seerosenblätter und Blüten in verschiedenen Farben. Wenn am Nachmittag dann langsam die Sonne untergeht, verschließen sich die Blüten der Seerosen. Dies geschieht sogar, wenn tagsüber ein Gewitter mit einer länger anhaltenden dunklen Wolkenfront aufzieht. Schwupps, sind die eben noch weit geöffneten Blütenstände verschlossen.

Dieses Schließen wollte ich einmal beobachten, doch ich habe leibhaftig erfahren, was ich aus der Theorie schon wusste: dass die langsamen Pflanzenbewegungen von meinen Augen und meinem Gehirn nicht wahrgenommen beziehungsweise nicht richtig verarbeitet werden. Ich erkenne nur die Zustände »Auf« und »Zu«. Ein schönes Bild!

In unserem Lebensalltag beschäftigen wir uns meist mit fertigen Produkten und Endergebnissen:

Ich fahre einen Pkw, von dem ich nicht weiß, wie genau, wo und von wem er gefertigt wurde.

Ich trinke Mineralwasser aus Glasflaschen, von dem ich nicht weiß, wie genau es dort hineingekommen ist.

Ich esse ein Wiener Schnitzel, von dem ich nicht weiß, wie das Kalb vorher gelebt hat, wie es geschlachtet und verarbeitet wurde.

Ich hole meine Post aus dem Briefkasten und weiß nicht, wer sie dort hineingeworfen hat. Heute kenne ich nicht mal mehr die Postzustellerin oder den Postzusteller in meinem Wohnviertel.

Unzählige weitere Beispiele könnte ich aufzählen. Mittlerweile haben wir Erwachsenen auch weitgehend das Interesse an dem »Wie« verloren beziehungsweise wir haben aufgrund der Schnelllebigkeit und des Tempos der Ergebnisorientierung kaum noch Zeit, solche Interessen zu verfolgen.

Bei Kindern ist das in der Regel noch anders. Das ist schließlich das Erfolgsgeheimnis der Sendung mit der Maus oder der Sesamstraße unter dem Motto »Wieso? Weshalb? Warum?«. Wenn ich zufällig darauf stoße, schaue ich noch heute sehr gerne Berichte der Sendung mit der Maus an, in denen beispielsweise genau erklärt wird, wie das Mineralwasser in die Flasche kommt.

Als ich einmal eine Freizeit mit einer Hortgruppe aus Hamburg geleitet habe, waren wir für eine Woche in einem Waldhof in der Nähe von Lüneburg. Unter den Teilnehmern waren sechs zwölfjährige Jungs und Mädchen, die dort zum allerersten Mal ein lebendiges Hausschwein gesehen haben. Diese Kinder wollten mir partout nicht glauben, dass die damals sehr beliebte Gesichtswurst, die ihnen morgens von ihren Eltern auf das Pausenbrot gelegt wurde, von genau so einem Schwein stammt.

Gerade im Bereich der Tierhaltung und Tierverwertung ist es so wichtig, ein Bewusstsein darüber zu entwickeln, wie genau die Prozesse aussehen, bis so ein Schwein beispielsweise verwurstet ist.

Wir kaufen uns einen Hund und wissen nicht, wie genau wir ihn pflegen müssen, damit es ihm gut geht.

Wir heiraten und wissen nicht, wie Ehe geht. Wie wir einander pflegen müssen, damit es beiden gut geht.

Wir erlauben uns ganz klare Urteile über bestimmte Menschen mit Migrationshintergrund, ohne auch nur einmal eine längere persönliche Begegnung mit einer solchen Person gehabt zu haben.

Wir lehnen Gott ab, bezeichnen uns als überzeugte Atheisten und bekunden: »Es gibt keinen Gott!«, ohne zu wissen, wie Gott geht, wie Beten geht. Ohne einmal konkret ausprobiert zu haben, ob er vielleicht doch antwortet.

Das »Wie« kommt viel zu kurz!

Doch im tiefsten Inneren haben wir das Interesse daran nicht verloren. Nicht umsonst ist für die meisten Menschen der sogenannte Blick hinter die Kulissen sehr interessant.

Aktionäre schauen vielleicht abends gerne vor der Tagesschau die Sendung »Börse im Ersten«. Dort laufen dann als Newsticker unten die aktuellen Aktienkurse der sogenannten börsennotierten Unternehmen. Es geht für sie also darum, ob sie heute gewonnen oder Verlust gemacht haben. Dabei habe ich als Aktionär eigentlich gar nichts gemacht. Es wäre doch auch mal interessant, in dieser Sendung zu erfahren, mit welcher Philosophie das jeweilige Unternehmen geführt wird. Wie sieht das Leitbild aus?

Und warum überhaupt gibt es diese Sendung zur besten Sendezeit? Weil Wachstum präsentiert werden muss? Ehrlich gesagt, ich weiß es nicht. Ich weiß nur, dass ich mir lieber einen Fünfminüter wünschen würde, bei dem jeden Tag eine andere Angestellte oder ein anderer Angestellter etwas über seine/ihre Arbeit im Altenpflegeheim, im Krankenhaus, in der Kindertagesstätte, in der Schule oder anderen sozialen Einrichtungen erzählt.

Ich glaube mittlerweile, dass Gott mit Matthäus 6,28 einen klaren Hinweis auf eine Art Burn-out-Prophylaxe gibt. Immer wieder führen überzogene Wachstumsorientierung und Gewinnoptimierung zu schier unerreichbaren Zielen in der täglichen Arbeit. Nicht selten mündet dies irgendwann in einen Burn-out oder eine Depression oder eine andere schwere Erkrankung.

In der Psychotherapie oder der medizinischen Behandlung beschäftigt die Patientinnen und Patienten dann häufig die Frage nach dem Warum. Warum gerade ich? Warum musste das mir passieren?

Aber diese Fragen lassen sich unmöglich beantworten, ohne sich mit dem Wie zu beschäftigen. Wie konnte es dazu kommen?

»Herr Hock, wir schlafen schon seit drei Jahren nicht mehr miteinander. Warum ist das so?«, werde ich in meiner Arbeit als Heilpraktiker für Psychotherapie von Ehepaaren gefragt, die bei mir Hilfe suchen. Selbst wenn mir in einem ausgiebigen Gespräch einiges deutlich wird, würde es dem Paar überhaupt nicht helfen, wenn ich ihnen das Weil um die Ohren hauen oder sanft erzählen würde. Sie hätten lediglich ein Aha-Erlebnis, aber dadurch niemals automatisch besseren Sex. Helfen kann ich den beiden nur dann, wenn wir uns gemeinsam anschauen, wie sie in den letzten fünf Jahren gelebt haben.

Wie haben Sie sich gegenseitig behandelt?

Wie haben Sie sich gegenseitig ihre Wertschätzung und Liebe ausgedrückt?

Welche Schritte sollten sie jetzt unternehmen? Wie sollten sie sich jetzt verhalten und miteinander umgehen, um sich irgendwann in großer Freude und gegenseitiger Hingabe auch körperlich wieder näherzukommen?

Nehmen wir dieses Buch: Sie lesen darin, es gefällt Ihnen, Sie kaufen es unzählige Male und verschenken es an Ihre Freundinnen und Freunde.

Vielleicht gefällt es Ihnen auch überhaupt nicht.

In jedem Fall wirkt auf Sie das Ergebnis, das fertige Buch. Mich hat jedoch schon der Entstehungsprozess, das Schreiben dieses Ratgebers unheimlich bereichert und weitergebracht. Ich habe unter anderem die Erkenntnis gewonnen, dass der Augenblick zählt, wenn es eben darum geht, Sorgen aus dem Weg zu räumen, um Lebensfreude Platz zu machen.

Und ich glaube, dass dieses Buch Sie nur dann weiterbringen wird, wenn Sie sich auf den Moment einlassen. Den »praktischen

Moment«, in dem Sie im Hier und Jetzt ausprobieren, was Sie gelesen haben.

Der Moment!

Eben auch der Moment, in dem ich mich damit beschäftige, wie etwas entsteht. Der Moment, in dem ich mir Zeit nehme, zu schauen, ob die Knospen der Wasserlilien kurz vor dem Aufbrechen sind. Der Moment, in dem ich kurz innehalte und mich frage, wie ich eigentlich dort, wo ich gerade bin, hingekommen bin.

Wenn ich mir dies anschaue, kann ich viel besser entscheiden, ob ich dort auch sein möchte. Wenn nicht, kann ich mich wesentlich besser lösen, wenn ich verstehe, wie genau ich dahin gekommen bin.

Denken Sie an ein klassisches Heckenlabyrinth. Wenn Sie dort auf wundersame Weise direkt in die Mitte hineingebeamt werden, so werden Sie viel schlechter herausfinden, als wenn sie selbstständig hineingegangen sind, den Weg zum Mittelpunkt eigenständig zurückgelegt und dann auch noch aufmerksam die jeweilige Umgebung betrachtet haben. So wie beim »praktischen Moment« am Ende jedes Kapitels, in dem es um das jeweilige »Wie« geht.

Mittlerweile liegen unsere beiden Kinder nicht mehr im Kinderwagen, sondern sind erwachsen. Gerade in der Beziehung zu meiner Tochter und meinem Sohn bin ich so dankbar, dass ich in ihrer Entwicklung durchgehend nahe an ihnen dran gewesen bin. Dass ich sie unterstützt, ihnen viel Aufmerksamkeit geschenkt und viele wunderschöne Zeiten mit ihnen verbracht habe. Es war vielleicht mit das Allerschönste in meinem Leben, ihre wundervolle Entwicklung, auch als Menschen des Glaubens, zu beobachten. Ich durfte beobachten, wie sie wachsen. Dies hat ein Vertrauen zwischen uns aufgebaut, das ewig halten wird. Davon bin ich fest überzeugt.

Wenn wir den Wachstumsprozess der Lilien beobachten, wenn wir uns täglich den »Moment, ich lebe gerade!« – Zeit nehmen, kurz einmal schauen, wie weit die Pflanze heute aus der Erde rausgekommen ist, wenn wir Blumen nicht nur als schöne Farbpunkte in unserem Garten, auf der Bienenweide auf dem Grünstreifen oder auf unserer Fensterbank flüchtig betrachten, sondern eben das Wachsen beobachten und begleiten, dann können wir auch deutlicher erkennen, was Gott für diese Pflanzen tut.

Echte Lebensfreude wird freigesetzt, wenn wir uns vergegenwärtigen, dass er uns noch viel aufmerksamer versorgt.

Der praktische Moment

Diese Übung führen Sie am besten am Abend durch. Es sollte so ziemlich das Letzte sein, was Sie tun, bevor Sie zu Bett gehen.

Wie beinahe bei allen meinen Übungsvorschlägen gilt auch hier: Ziehen Sie sich an ein ruhiges Örtchen zurück und hängen Sie ihr reales oder imaginäres »Moment, ich lebe gerade – Bitte nicht stören!«-Schild raus.

Vergegenwärtigen Sie sich, welche Prozesse Sie heute seit dem Aufstehen durchlaufen haben, und seien Sie auch noch so automatisch abgelaufen.

Waren Sie heute nackt bei der Arbeit? Ich denke nicht. Vermutlich haben Sie sich irgendwas Hübsches angezogen. (Außer Sie arbeiten im Homeoffice.) Auf jeden Fall trugen Sie Kleidung.

Das Anziehen am Morgen läuft fast automatisch. Höchstens irgendwelche fragenden, genervten oder ärgerlichen Gedanken unterbrechen diesen automatischen Ablauf: Was soll ich heute bloß anziehen? Wird es kalt? Wird es warm?

Oder die gewählte Hose spannt etwas und der Reißverschluss geht nur schwer zu. O Mist, ich habe schon wieder zugenommen, fährt es einem dann durch den Kopf.

Ergebnis: Schlechte Laune, Frust.

An allen anderen Tagen (an denen sich die Reißverschlüsse problemlos schließen lassen) macht man sich überhaupt nicht bewusst, wie wunderbar es ist, Arme, Hände und Finger zu haben und sich schnell und akkurat anziehen zu können. Erst wenn man durch einen Unfall, eine Krankheit oder altersbedingt Hilfe oder Pflege benötigt, beginnt man, die eigene Selbstständigkeit mehr zu schätzen, wünscht sie sich so sehr zurück.

So ist es mit vielen Dingen. Leider schätzen wir das, was wir haben, häufig erst dann, wenn wir es nicht mehr haben, wenn die Fähigkeiten nicht mehr da sind, wenn wir sie vermissen. Deshalb mein Rat: Listen Sie jetzt alle Prozesse auf:

Zähneputzen, duschen, anziehen, frühstücken, zum Linienbus sprinten, die Morgenfrische riechen, den singenden Vögeln lauschen, um nur ein paar aufzuzählen. Schreiben Sie sie auf einen Zettel und danken Sie Gott ganz explizit dafür, was er Ihnen da Wunderbares geschenkt hat.

Selbst wenn Sie heute einen Konflikt oder einen Streit hatten, dann danken Sie dafür, dass Sie diesen Streit überlebt haben und dass die andere Person den Streit ebenfalls überlebt hat.

Wenn diese Danksagung die ganze Nacht dauert: Wunderbar! Den Schlaf werden Sie nachholen, auch dafür können Sie Gott jetzt schon danken.

Der humorvoll-satirische Moment

Vorsorge

Herr Meyer streut täglich ein weißes Granulat auf seine Blumenbeete und die prächtig blühenden Gewächse. Nach drei Wochen fragt sein Nachbar, der dies regelmäßig beobachtet, schließlich: »Was streuen Sie denn da für ein Zeugs?«

Herr Meyer: »Das ist gegen Elefanten und Krokodile!«

Der Nachbar: »Wie jetzt?«

Herr Meyer: »Damit die mir nicht meine schönen Liliengewächse, meine Chrysanthemen und meine anderen Blumen zertrampeln oder abfressen.«

Darauf der Nachbar: »Aber hier gibt es weder Elefanten noch Krokodile.«

Herr Meyer stolz: »Da sehen Sie, wie gut das Granulat wirkt!«

12

Gott vertrauen – beten hilft

Wenn nun Gott das Gras auf dem Feld so kleidet,
das doch heute steht und morgen in den Ofen
geworfen wird: Sollte er das nicht viel mehr für
euch tun, ihr Kleingläubigen?
Matthäus 6,30

Vers 30 unterstreicht und verdeutlicht noch einmal Vers 26 und das, was ich in Kapitel 9 dazu ausgeführt habe.

An dieser Stelle möchte ich auf die beiden Worte »ihr Kleingläubigen« eingehen. Was sind Kleingläubige? Eben Menschen mit einem kleinen Glauben, Menschen mit wenig Vertrauen. Ich muss beschämt zugeben, dass ich im Verhältnis zu dem, was die Bibel alles an wunderbaren Möglichkeiten verheißt, teilweise noch einen sehr kleinen Glauben habe.

Ich weiß nicht, wie es Ihnen geht, aber ich bin ein Mensch, der anderen nicht so leicht Vertrauen schenkt. Dennoch würde ich mich heute nicht mehr als Kleingläubigen bezeichnen. Überhaupt würde ich niemanden eine Kleingläubige oder einen

Kleingläubigen nennen. Den Glauben eines Menschen zu beurteilen, liegt mir fern. Warum sollte ich auch?

Vater, Sohn und Heiliger Geist dürfen das, sie können das, denn sie können tief dort hineinblicken, wo der Glaube sein Zuhause hat: im Herzen der Menschen. Das Innerste einer Person geht mich nichts an. Selbst als Heilpraktiker für Psychotherapie will ich stets sehr achtsam bleiben und nur so weit in die intimen Herzensbereiche meiner Patientinnen und Patienten blicken, wie sie mich freiwillig gewähren lassen und wie es für eine erfolgreiche Therapie hilfreich ist.

Im Herzen der anderen darf ich nicht rumwühlen, und jede Beurteilung ist ein Rumwühlen. Zieht ein Aufgewühltsein nach sich. Die Wahrscheinlichkeit, dass die Vorsilbe »Be« zu »Ver« mutiert und aus dem Beurteilen ein Verurteilen wird, ist sehr hoch.

Im Laufe meines Lebens habe ich die Erkenntnis gewonnen, dass ich besonders in den Bereichen und Momenten versucht bin, meine Mitmenschen zu beurteilen, in denen ich im tiefsten Inneren von Minderwertigkeitsgefühlen heimgesucht werde. Ist es jemandem in meiner Umgebung zum Beispiel total wichtig, seinen Körper fit und in Form zu halten und ernährt er sich daher ausschließlich gesund und treibt regelmäßig Sport, so kann es schon vorkommen, dass ich denke: Der übertreibt es aber auch mit seiner dauernden Joggerei und seinem Gemüse- und Salatwahn. Sein Körper, seine Ernährung und sein Sport sind ja richtige Götter für ihn.

Warum denke ich so? Ich muss mir einen solchen ernährungsbewussten Sportler ja nicht zum Vorbild nehmen. Aber was hindert mich daran, mich einfach für ihn zu freuen, dass er anscheinend den für sich genau richtigen Lebensstil gefunden hat?

Ganz einfach: die Tatsache, dass ich genau in diesem Bereich Minderwertigkeitsgedanken habe: In seinen Augen bin ich bestimmt eine undisziplinierte fette Qualle mit mangelnder Selbstdisziplin und die Ursache für seine hohen Krankenkassenbeiträge.

Hinter diesen negativen Denkstrukturen, die schon wieder Beurteilungen sind, steht die unerfüllte Sehnsucht, dass ich selbst gerne weniger essen, gesünder leben und sportlicher aussehen würde.

Also: Am besten keine Beurteilungen mehr! Entspricht ja auch einem biblischen Gebot, das sich fast direkt an mein Lieblingsgleichnis anschließt, mit dem sich dieses Buch vornehmlich beschäftigt. Es findet sich in Matthäus 7,1. Ich zitiere das Gebot in mehreren Übersetzungen, die unterschiedliche Aspekte verdeutlichen:

Richtet nicht, damit ihr nicht gerichtet werdet! (MENG)

Urteilt nicht über andere, damit Gott euch nicht verurteilt. (HFA)

Verurteilt niemand, damit auch ihr nicht verurteilt werdet. (NGÜ)

Warum diese Erläuterungen im Zusammenhang mit Matthäus 6,30? Ganz einfach: Weil das dauernde Beurteilen anderer Menschen, Zustände, Zusammenhänge und Situationen den inneren Aufbau von Glaube und Vertrauen behindert, ja Glaube sogar zerstört.

Doch was können wir dagegen tun?

Meine persönliche Antwort ist simpel und gleichzeitig sehr unbefriedigend für alle die, die darauf konditioniert sind, ein Problem zu lösen, indem sie eine fachlich fundierte Problemlösungsstrategie erarbeiten, an deren Ende ein Leistungsplan steht, an den man sich mindestens die nächsten sechs Wochen strikt hält. Dieser Plan ist dann sozusagen in Stein gemeißelt, wobei der Stein heutzutage durch eine Excel-Tabelle ersetzt wird. Ein Leistungsplan, dessen Nicht-Einhaltung schnell ein schlechtes Gewissen produziert, welches unter Umständen noch mehr negative Gefühle produziert und noch mehr Beurteilungen nach sich zieht.

Mein Ratschlag ist dagegen planlos: Beten hilft! Beten Sie!

Ich bin zutiefst davon überzeugt, dass unsere Minderwertigkeitsgedanken und alle anderen negativen und destruktiven Gefühle, die ihren Sitz in unserer Seele haben, in allererster Linie geistlich angegangen werden müssen. So verstehe ich Epheser 6,12:

Denn wir haben nicht mit Wesen von Fleisch und Blut zu kämpfen, sondern mit den (überirdischen) Mächten, mit den (teuflischen) Gewalten, mit den Beherrschern dieser

Welt der Finsternis, mit den bösen Geisterwesen in der Himmelswelt. (MENG)

Warum nicht den stärksten aller Geister, den Heiligen Geist, aktivieren und mobilisieren, um auf diesem Schlachtfeld einen hundertprozentigen Sieg einzufahren?

Weil eben Ängste und Alltagssorgen uns oft den klaren, geistlichen Blick zu einer direkten Kontaktaufnahme mit unserem himmlischen Vater verstellen.

Ich habe die Erfahrung gemacht, dass kein einziges Gebet in meinem Leben wirkungslos war. Je mehr ich gelernt habe, zu beten und mit Gottes übernatürlichem Eingreifen zu rechnen, umso mehr wurden seelische Wunden geheilt, oder besser ausgedrückt: Aus Wunden wurden Wunder.

Ein ganz Konkretes möchte ich Ihnen nicht vorenthalten, obgleich es wirklich extrem unglaubwürdig scheint und ich lange nicht darüber sprechen konnte. Nun habe ich den Mut, es hier sogar schriftlich festzuhalten, und hoffe, Sie halten mich nicht für einen Spinner.

Ein richtig schönes Wochenende lag hinter mir. Beseelt steuerte ich meinen VW Caddy aus Berlin heraus Richtung Heimat. Im Kofferraum schliefen meine Handpuppen, mit denen ich vorgestern vielen Kindern und deren Eltern und Großeltern in einer freien Gemeinde in der Hauptstadt ein paar schöne Momente beschert hatte. Heute Morgen hatte ich dort noch gepredigt und nun fuhr ich nach Hause zu meiner Familie. Es war mein letzter Auftritt in dieser Adventszeit, drei Tage vor Heiligabend.

Schon während wir mein Theater-Equipment ins Auto luden, begann es, heftig zu schneien. Jetzt waren einige Räumfahrzeuge auf der Avus, der Berliner Stadtautobahn, unterwegs. Ich hatte mir schöne Weihnachtsmusik eingeschaltet und freute mich auf daheim.

Nach einiger Zeit, ich hatte die Autobahn gewechselt und befand mich irgendwo im Brandenburgischen, wurde das Schneetreiben immer stärker. Ich musste die Scheibenwischer auf die schnellste Stufe stellen, um überhaupt noch hinausschauen zu können. Ich konnte nur sehr langsam fahren, da die Schneedecke auf der Autobahn immer dicker wurde. Es herrschte ungewöhnlich wenig Verkehr, nur ab und zu fuhr ein Pkw an mir vorbei.

Es war so kalt und der Schneefall so stark, dass meine Scheibenwischer die Scheibe nicht mehr frei bekamen. Immer wieder sprühte ich etwas Scheibenklar, doch mit der Zeit säuberte es nicht mehr die Windschutzscheibe, sondern alles vereiste buchstäblich vor meinen Augen. Gleichzeitig bildeten sich an den Scheibenwischern heftige Schnee- und Eisklumpen, sodass die Wischblätter nicht mehr richtig arbeiten konnten. Ich hatte nur noch ein ganz kleines Sichtfenster und aus den Spritzdüsen kam keine Flüssigkeit mehr.

Das Schneetreiben wurde immer intensiver und die dicken Schneeflocken ließen sich fast überhaupt nicht mehr von meiner Frontscheibe entfernen. Einfach rechts ran auf den Standstreifen zu fahren und die Scheibe von Hand zu reinigen, kam für mich nicht ohne Weiteres infrage. Erstens konnte man Fahrbahn und

Standstreifen nicht mehr voneinander unterscheiden und zweitens kann ich aufgrund meiner Behinderung so eine Scheibenreinigung nicht alleine durchführen.

Ich bekam richtig Angst und atmete bewusst kontrolliert, um eine eventuelle Panikattacke abzuwenden.

Da! Eine Ausfahrt! Kurz machte sich etwas Erleichterung in mir breit. Mit maximal fünf bis zehn Kilometern pro Stunde fuhr ich von der Autobahn ab und beschloss, gleich anzuhalten, um mit meinem Mobiltelefon den ADAC zu rufen oder einfach irgendwo bei einem Anwohner zu klingeln und um Hilfe zu bitten.

Leider ließen sich diese Vorhaben nicht in die Tat umsetzen, denn als ich abgefahren war, bemerkte ich, dass ich mich in einem reinen Industriegebiet befand. Kein Wohnhaus, keine Tankstelle, absolut tote Hose. Es war Sonntagnachmittag im Advent. Das Leben hier würde wohl erst am nächsten Vormittag wieder erwachen.

Ich hielt an und griff zu meinem Handy: Funkloch! Nicht mal ein einziger Balken auf dem Display! Überhaupt kein Empfang. Verzweiflung brach sich Bahn, durch den Magen direkt ins Herz. Ich hätte weinen können, vielleicht habe ich es auch getan, ich weiß es nicht mehr so recht. Innerlich stellte ich mich darauf ein, an Ort und Stelle im Auto zusammen mit meinen Puppen zu übernachten.

Doch was mache ich, wenn ich nachher zur Toilette muss? Einfach nur mal so schnell hinter einen Busch ist mit kurzen Armen nicht so leicht zu realisieren. Schon gar nicht, wenn die heruntergelassene Hose dann im Schneematsch liegt.

Meine Gedanken hielten sich wieder einmal ausschließlich in einer hinter mir liegenden Vergangenheit und einer ziemlich düsteren Zukunft auf.

Moment, ich lebe gerade! Ich will mich mit dem Hier und Jetzt befassen. Mich nicht in der Vergangenheit einschläfern lassen (Warum bin ich bei diesem Wetter überhaupt losgefahren?) und keine katastrophale Zukunft konstruieren, deren Betäubungsmittel Hoffnungslosigkeit heißt.

Schon indem ich diese Gedanken dachte, schuf ich ein wenig Platz für Zuversicht, räumte die Sorgen ein Stück zur Seite und stieß die Tür einen Spalt auf für Lebensfreude, wie sich wenig später herausstellte.

Jetzt begann ich zu beten. Warum ich mich wieder einmal erst an dritter Stelle, nach dem Gedanken, bei einem Anwohner zu klingeln, und dem Versuch, den ADAC zu rufen, an Gott gewendet habe? Keine Ahnung! Gott war es jedenfalls vollkommen schnuppe, er freut sich über jede Kontaktaufnahme, egal an welcher Stelle, wie ich eine kurze Zeit später erfahren durfte.

Und bei Gott gibt es kein Funkloch. Niemals! Das G-Netz, das Gebetsnetz, ist das stabilste der Welt. Ich nahm also Kontakt zu Gott auf:

»Himmlischer Vater. Ich sitze hier ziemlich in der Schei… beziehungsweise in meinem Caddy im Schnee in Brandenburg. Ich möchte so gerne nach Hause zu meiner Familie. Keine Ahnung, wie du mir helfen kannst. Aber ich will auf dein Allmächtigsein vertrauen und bitte dich um ein Wunder. Schick mir doch bitte, bitte in Jesu Namen einen Engel, der mich aus dieser Misere herausholt. Amen!«

Nun atmete ich tief durch und strengte mich ganz doll an in dem Versuch, zu vertrauen, zu glauben. Es öffnete sich weder der Himmel noch brach ein heller Lichtschein über mir herein, das Schneetreiben wurde nicht weniger und ich wurde auch nicht auf wundersame Weise samt Auto nach Hause gebeamt.

Es ist bestimmt besser, wieder auf die Autobahn zu fahren und dort zu versuchen, ein vorbeifahrendes Fahrzeug anzuhalten, dachte ich und versuchte, mir tröstend einzureden, dass die Tatsache, dass ich diesen Gedanken jetzt hatte, schon ein mittelschweres Wunder war.

Ich fuhr also wieder los, wendete aber nicht direkt, sondern beschloss, einmal ums Karree durch das Industriegebiet zu fahren. Alles wirkte wie ausgestorben. Ich bog nach links ab, um zurück zur Autobahn zu kommen. Was ich dann sah, verschlug mir nicht nur den Atem, mir blieb sogar fast das Herz stehen. Dieses entschied sich dann aber doch dafür, vor Freude zu hüpfen. »Extrasystolen« heißt dieses Phänomen beim Kardiologen. Ich nenne solche heftigen Zwischenschläge, wenn ich kurz einmal fassungslos vor Freude bin, »Freudenluftsprünge meines Herzens«.

Ich kann es niemandem verdenken, wenn er mir nicht glaubt, was ich jetzt schreibe. Ich weiß nicht, ob ich Ihnen glauben würde, wenn Sie mir diese Geschichte erzählen würden.

Ungefähr fünfzig Meter vor mir auf der rechten Seite stand ein älterer Mann mit einem Bart voller Schneeflocken und einer dicken Fellmütze mit Ohrenklappen. Vor ihm aufgebaut war ein kleines Tischchen.

Ich fuhr näher heran, hielt an und wollte gerade aussteigen, da deutete der Mann mit einer Handbewegung an, ich solle im Auto sitzen bleiben. Er lächelte mit einer Wärme, bei der eigentlich der gesamte Schnee sofort hätte schmelzen müssen.

Nun sah ich, was alles auf dem Tisch stand: ein Eiskratzer, Frostschutzmittel, Scheibenklar und irgendwelche Spraydosen. Der Mann enteiste und säuberte mir alle Scheiben und die Außenspiegel, befreite meine Scheibenwischer von den Eisklumpen, sprühte die Spritzdüsen frei und bedeutete mir mit einer weiteren Handbewegung, ich möchte doch die Entriegelung der Motorhaube betätigen. Nun befüllte er mir meinen Spritzwassertank, verschloss die Motorhaube wieder und wünschte mir, indem er seine Hand auf sein Herz legte und sich leicht verbeugte, eine gute Heimreise.

Diese trat ich voller Erstaunen und Verblüffung an. Nach ungefähr achtzig Kilometern hörte der Schneefall auf, die Straßen waren weitgehend frei und ich kam wohlbehalten zu Hause an.

Sehr lange Zeit konnte ich überhaupt nicht über dieses Erlebnis reden. Ich war wahrhaftig einem Engel begegnet, davon war und bin ich im Herzen fest überzeugt. Auch wenn er keine goldenen Flügel hatte, sondern eine Fellmütze mit Ohrenklappen trug.

Der praktische Moment

Diesmal geht es im praktischen Moment ausschließlich um das Reden mit Gott, das Beten.

Erlauben Sie mir zunächst eine kurze Erläuterung:

Ich möchte Ihnen gerne helfen (wenn überhaupt nötig), sämtliches religiöses Drumherum, das vielleicht dem Aufbau einer tiefen Vertrauensbeziehung zu unserem himmlischen Vater im Wege steht, abzubauen.

Ich möchte Ihnen aber ganz bestimmt nichts wegnehmen, von dem Sie überzeugt sind, dass es Ihnen für Ihr Gebetsleben und Ihre intime Beziehung zu Vater, Sohn und Heiligem Geist guttut. Wenn es bei Ihnen immer morgens genau um 4:30 Uhr sein muss, wenn Sie dazu eine bestimmte Kerze anzünden und den Duft von Räucherstäbchen genießen müssen, immer die gleiche Lobpreismusik im Hintergrund läuft und zunächst der aktuelle Bibelleseplan eingehalten werden soll, dann bitte schön.

Gott braucht dies alles nicht. Für ihn ist es die Hauptsache, dass Sie sich ehrlichen und offenen Herzens mit ihm treffen.

Sollten Sie allerdings feststellen, dass die von Ihnen entwickelten und festgezurrten Rahmenbedingungen für eine intensive Zeit mit Gott mittlerweile etwas starr, fast zwanghaft geworden sind und Sie bei näherem Hinsehen eher an einem freien Beten hindern, dann haben Sie ruhig Mut, einmal alles Äußerliche wegzulassen und eine ganz andere Gebetszeit auszuprobieren.

Gott ist in einem Dom oder einer Kathedrale nicht echter oder präsenter und er wirkt dort auch nicht stärker als auf einer Bahnhofstoilette.

Gott wohnt in Ihrem Herzen.

Er steckt in Ihnen drin.

Dort, wo Sie sind, dort ist Gott.

Gott findet nicht nur sonntags zwischen zehn und elf Uhr dreißig statt.

Gott ist derselbe gestern, heute und morgen (vergleiche Hebräer 13,8), aber er findet nicht in erster Linie im Gestern oder Morgen statt, sondern heute.

Gott ist jetzt!

Wenn Sie an seine Tür klopfen, wird er immer öffnen, Sie direkt ins Wohnzimmer bitten und mit Ihnen ein wertvolles Gespräch führen.

Sie benötigen keine Mittelsperson, das Allerheiligste befindet sich in Ihnen. Die Trennung zwischen uns und Gott ist ein für alle Mal aufgehoben. Dies feiern wir an Ostern (vergleiche Matthäus 27,51).

Wären all die Riten und Formen heilsentscheidend, eine Frau wie Corrie ten Boom, die im Nationalsozialismus unter Einsatz ihres Lebens Juden eine Versteckmöglichkeit bot und dann verraten und im Konzentrationslager Ravensbrück gefoltert wurde, hätte keine Chance gehabt, dort mit ihrem himmlischen Vater im Gebet intim zu werden.

Auch ich mag bestimmte liturgische Vorgänge und diese können uns helfen, uns zu fokussieren. Es geht mir aber darum, deutlich zu machen, dass sie keine zwingende Voraussetzung für ein vollmächtiges Gebet sind.

Doch nun endlich zu der praktischen Übung: Denken Sie an die Person, der Sie auf dieser Welt am meisten vertrauen. Bei der Sie das Gefühl haben, mit ihr über wirklich alles sprechen zu können. Rufen Sie sich ins Gedächtnis, wie Sie mit dieser Person sprechen beziehungsweise wie Sie mit ihr gesprochen haben, falls sie nicht mehr lebt. Haben Sie mit ihr in einem Dialekt gesprochen?

Versuchen Sie nun einmal, ein Gespräch mit Gott über das Thema Vertrauen und Glaube zu führen, in der Mundart und in dem Stil, wie Sie es auch mit Ihrer allerbesten Freundin, Ihrem allerbesten Freund oder Ihrer Ehefrau oder Ihrem Ehemann tun würden. Ich beispielsweise merke eine tiefe Vertrautheit, wenn ich in meinem pfälzischen Heimat-Dialekt bete.

Keine Hemmungen!

Hängen Sie aber unbedingt ein kleines Schild an die Tür, damit Sie nicht gestört werden.

Aufschrift: Moment, ich lebe/bete gerade!

Der humorvoll-satirische Moment

Neujahrswünsche

Gebet zum neuen Jahr:

»Lieber Gott! Bitte mach meine Taille schlanker und mein Bankkonto fetter.«

Nachsatz:

»Und bitte, bitte verwechsle es nicht wieder wie im letzten Jahr.«

13

Die Macht der Worte

Da ich an der Stadtgrenze zu Hamburg lebe und mich sehr häufig in der Hansestadt aufhalte, habe ich schon mehrfach das Kreuzfahrtschiff Queen Mary 2 im Hamburger Hafen liegen sehen. Dieses Schiff ist 345 Meter lang und 41,15 Meter breit. Es hat einen Tiefgang von 9,75 Metern und 13 Passagierdecks. Die Besatzung umfasst 1253 Menschen und der Kreuzfahrt-Pott kann 3090 Passagiere aufnehmen. 116927 PS hat die Queen Mary 2, um maximal eine Geschwindigkeit von 56 Stundenkilometern zu erreichen.

Was mich allerdings am meisten beeindruckt, ist, dass dieses riesige Kreuzfahrtschiff mit einem kleinen Joystick gelenkt wird, nicht viel größer als ein handelsüblicher Joystick für Computerspiele, den man im Fachhandel kaufen kann. Ein solch kleiner Hebel gibt also die entsprechenden Signale, damit das 150000 Tonnen schwere Schiff sich nach links oder rechts bewegt (zum Vergleich: Das entspricht dem Gewicht von etwa 25000 ausgewachsenen Elefanten).

In Jakobus 3,4-5 wird unsere Zunge mit einem solch kleinen Steuerruder verglichen (MENG):

Seht, auch die Schiffe, die doch so groß sind und von star-
ken Winden getrieben werden, lassen sich durch ein ganz
kleines Steuerruder dahin lenken, wohin das Belieben des
Steuermannes sie haben will. So ist auch die Zunge nur
ein kleines Glied und kann sich doch großer Dinge rüh-
men.

Und Sprüche 18,21 billigt unserer Zunge eine nahezu uneingeschränkte Macht zu (MENG):

Tod und Leben stehen in der Gewalt der Zunge, und wer
sie viel gebraucht, wird das, was sie anrichtet, zu schme-
cken bekommen.

Wer schon einmal mit Worten gedemütigt und verletzt worden
ist oder wem ein Kompliment oder eine Liebeserklärung zugesprochen wurde, der weiß, was die Zunge in die eine wie in die
andere Richtung, positiv oder negativ, anrichten kann.

Ich finde es sehr bemerkenswert, dass in unserem Gleichnis
das Reden, das Aussprechen, das Worte-Machen als Verstärkung
der Sorgen erwähnt wird, nicht das Denken oder Handeln (Matthäus 6,31):

Darum sollt ihr nicht sorgen und sagen: Was werden wir
essen? Was werden wir trinken? Womit werden wir uns
kleiden?

Es ist sehr wichtig, dass wir mit vertrauensvollen Mitmenschen über unsere Nöte, unseren Kummer und gegebenenfalls auch über das Leid, dem wir ausgesetzt sind, sprechen. Genau auf diesem Prinzip beruht Seelsorge. Es kann unheimlich bereichernd sein, Probleme lösen und sehr heilsame Effekte haben, wenn wir in einem gut angeleiteten Seelsorgegespräch über das sprechen können, was uns tief bedrückt. Wenn dann die Seelsorgerin oder der Seelsorger am Ende noch mit uns betet: Wunderbar!

Manchmal dürfen wir auch erkennen, dass Laienseelsorge nicht reicht und eine gute, fachlich fundierte psychotherapeutische Behandlung notwendig ist. Dies sollte der Seelsorger selbst erkennen und den Hilfesuchenden zu einer solchen Behandlung ermutigen. Leider ist das nicht selbstverständlich. Ich bin immer wieder überrascht und auch ein wenig verärgert, dass in so mancher Seelsorge die unausgesprochene Meinung herrscht, man könne sich über die fachlichen Kenntnisse von Fachkräften aus Psychiatrie und Psychotherapie hinwegsetzen.

Würde ich einen Seelsorger mit einer akuten Blinddarmentzündung aufsuchen und ihn bitten, mir in seinem gemütlichen Wohnzimmer den Blinddarm zu entfernen, er würde mit großer Sicherheit ablehnen und mich vielleicht direkt ins Krankenhaus fahren. Nur im Bereich der Seele, unserer Psyche, verschwimmen gerade bei Christen immer noch die Grenzen. Man versucht, eingehüllt in ein frommes Mäntelchen, an der Psyche eines Hilfesuchenden herumzudoktern, teilweise mit verheerenden Folgen, wie ich in meiner Praxis schon erlebt habe.

Die Meinung, Psychologie sei vom Teufel, teile ich nicht, ich halte sie sogar für gefährlich. Quacksalber, die ihr Handwerk nicht verstehen, gibt es in allen Berufen, in der Psychotherapie genauso wie im Klerus.

Eine Depression zu haben, ist keine Schande, kein Makel! Kein Zeichen von Unglaube oder Schwäche. Genauso wie ich seit 55 Jahren mit meinen kurzen Armen leben muss und trotzdem Gottes Liebe täglich in meinem Leben erlebe, genauso kann es sein, dass man langfristig mit psychischen Erkrankungen leben und den Umgang damit erlernen muss.

Sich auf der Suche nach Hilfe einer geeigneten Person anzuvertrauen, ist gut und richtig. In Matthäus 6,31 geht es nicht um diese Art des Redens, sondern um das sogenannte Klagen, das Jammern.

Wenn sich jemand mit Adipositas, also starkem Übergewicht, in einen Sessel setzt und immer wieder laut vor sich hin sagt oder ausruft: »Ich bin so dick! Ich bin viel zu fett! Ich bin ja so übergewichtig! Ich bin so arm! Ich bin so arm, weil ich so dick bin! Oh nein, ich bin so dick!«, dann ändert sich weder etwas an seinem Gewicht noch an seinem Essverhalten. Zumindest ganz sicher nicht zum Positiven. Dies habe ich selbst erfahren.

Als ich vor vier Jahren meine Autobiografie geschrieben habe, habe ich einige wichtige Erkenntnisse über mich bekommen. Vor lauter Freude habe ich diese Erkenntnisse dann sehr gerne weitererzählt. Heute weiß ich: Erkenntnisse, gerade wenn sie vom Heiligen Geist geschenkt wurden, sollte man erst mal eine Weile für sich behalten und im Herzen bewegen. Deshalb werde ich in diesem Buch nicht alles berichten, was ich für mich erkannt habe, während ich mich mit dem Gleichnis in Matthäus 6,26-34 beschäftigt und dem Geist Gottes das Recht eingeräumt habe, es mir in der Tiefe aufzuschließen.

Ich habe gelernt, zu unterscheiden, ob ich jemandem von meinen Sorgen erzählen möchte, weil ich bereit bin, an einer Problemlösung mitzuwirken und mir konstruktive Hilfe von dieser Person erhoffe, oder ob ich von meinen Sorgen erzählen möchte, um mich schön dick mit Mitleid einzureiben oder einreiben zu lassen. Fatalerweise hat mein Unterbewusstsein lange geglaubt, dass ich dieses Mitleid wirklich verdient habe und dass es mir manchmal einfach guttut. Diese Gedanken sind riesengroßer Müll. Wenn ich einfach nur immer wieder von meinen Problemen berichte und an jeder Ecke und bei jeder Gelegenheit davon erzähle, dann blähe ich damit die Probleme auf. Mache sie niemals kleiner, sondern meist deutlich größer!

Es hilft allerdings auch überhaupt nichts, wenn ich gebetsmühlenartig bezüglich meiner Sorgen immer wieder laut das Gegenteil proklamiere, ohne innerlich davon überzeugt zu sein. Wenn ich behaupte: »Das bisschen Übergewicht schadet doch nichts«, dann ändert dies genauso wenig etwas an der Situation wie das Jammern und Klagen.

Ich bin dabei, immer mehr zu lernen, so lange die Klappe zu halten, bis es in mir spricht.

Was meine ich damit?

Unsere Sorgen haben ihren festen Wohnsitz in unserer Seele. Dort haben sie es sich gemütlich gemacht und benehmen sich wie der sprichwörtliche Elefant im Porzellanladen. Wenn ich nun versuche, mit lauten Proklamationen gegen diese Sorgen aus der Seele heraus zu sprechen, dann hat dies niemals einen dauerhaften positiven Effekt. Warum? Weil alles Seelische in mir zu schwach ist.

Aber: Der allerstärkste Sprecher, der auch immer mein Fürsprecher ist, lebt in mir! Der Heilige Geist! Er ist Gott! Dieser allmächtige Gott lebt in mir! Ich kann es nicht oft genug betonen.

Das aktive Sprechen und Wirken aus diesem göttlichen Geist heraus ist die allerstärkste Waffe gegen jegliches Problem.

In der katholischen Eucharistiefeier (die gottesdienstliche Feier zum Gedächtnis des letzten Abendmahls) gibt es ein Gebet, in dem es heißt: »O Herr, sprich nur ein Wort, so wird meine Seele gesund.« Dieses Gebet geht auf die Begegnung eines römischen Hauptmanns mit Jesus zurück, dessen Knecht schwer krank war. Der Hauptmann wollte Jesus nicht bemühen, den Knecht leibhaftig zu besuchen, stattdessen sprach er das bekannte Bibelwort: »Herr, ich bin nicht wert, dass du unter mein Dach gehst, sondern sprich nur ein Wort, so wird mein Knecht gesund« (Matthäus 8,8).

Gott selbst muss also sprechen! Herr, sprich nur ein Wort, so wird …!

Nun, Gott lebt in mir. Ich habe also durchaus die Vollmacht und starke Kraft, im Namen Jesu Christi bahnbrechende, heilende und Wunder wirkende Worte zu sprechen.

Die Schwierigkeit, die ich dabei persönlich empfinde, ist heute immer auch noch die, dass es nicht leicht ist, zu unterscheiden, ob ich aus Gottes Geist heraus oder aus meiner Seele heraus spreche. Daher bin ich in diesem Punkt immer noch etwas zurückhaltend und bescheiden.

Ich habe beides schon erlebt. Ich habe Worte gesprochen und sofort verschwand eine schwere Gürtelrose bei einer Frau, die sich von mir Gebet gewünscht hatte.

Ich habe erlebt, wie mein Pastor göttliche Worte gesprochen hat und danach unsere Tochter zu ihrer Mutter ins Krankenhaus gegangen ist und diese göttlichen Worte und die damit verbundene göttliche, heilende Kraft weitergegeben hat. Meine Frau lag zu dieser Zeit mit einem totalen Nierenversagen im Krankenhaus, ihr Zustand war lebensbedrohlich. Jeden zweiten Tag musste sie an die Dialyse, denn sie hatte zwölf Kilogramm Wasser eingelagert. Die Ärzte gingen von einer Autoimmunkrankheit aus, die wahrscheinlich eine jahrelange intensive Behandlung nach sich ziehen würde. In der Nacht nach dem Besuch unserer Tochter und ihrem Gebet musste meine Frau ständig zur Toilette. Sie verlor sieben Kilogramm Wasser und ihre Nieren nahmen ihre ganz normale Funktion wieder auf. Innerhalb der nächsten drei Wochen war sie vollständig geheilt, was selbst die naturwissenschaftlichsten Nephrologen als ein Wunder bezeichneten.

Ich habe aber auch die andere Seite schon kennengelernt. In einem Hauskreis betete ein Gast mit einer psychisch schwer erkrankten Frau. Nach dem Gebet hatte der Gast den Eindruck, er solle der Frau sagen, sie könne sofort all ihre Medikamente absetzen, denn sie sei gesund. Jetzt! Die Frau war so euphorisch und voller Freude, dass sie tat, was er sagte. Da die meisten Psychopharmaka sogenannte Spiegelmedikamente sind, hört die Wirkung nicht abrupt auf und die Frau glaubte sich geheilt. Doch als die Wirkung abklang, kehrte nach ungefähr zehn Tagen die schwere Depression zurück und wahrscheinlich hatte sie auch einen psychotischen Schub. Dies alles war für die Frau nicht mehr zu ertragen und sie nahm sich das Leben. Was für eine Tragödie!

Es ist so wichtig, dass wir verantwortungsvoll mit unseren Worten umgehen, denn unsere Worte haben eine große Macht, sie machen etwas mit uns und mit anderen. Wir müssen vorsichtig sein in dem, was wir verkünden.

Doch es gibt etwas, das immer unbedenklich und gleichzeitig total wichtig ist, um Sorgen wegzuräumen, damit Lebensfreude sich neu Bahn brechen kann: das laute Aussprechen der Liebeswahrheiten Gottes über uns, die in der Bibel stehen.

Haben Sie Lust, dies jetzt gleich einmal zu tun?

Der praktische Moment

Diesmal gibt es gleich zwei praktische Übungen: eine zur Verstärkung des Positiven und eine zweite zum Bekämpfen des Negativen.

Stellen Sie sich vor den Spiegel und denken Sie folgenden Satz (ohne ihn auszusprechen): »Gott höchstpersönlich hat mich wunderschön gemacht. Ich bin tatsächlich eine leibhaftige Schönheit.«

Spüren Sie kurz einmal in sich hinein. Was geht ab? Wie geht es Ihnen?

Nun wiederholen Sie die Übung, aber diesmal sprechen Sie die Worte laut aus. Wirklich überzeugend und laut.

Dann spüren Sie wieder in sich hinein. Merken Sie den Unterschied?

Und jetzt zum Jammern:

Besorgen Sie sich eine Wasserpistole oder eine Sprühflasche. Bei der nächsten Mahlzeit, bei der Sie mit Ihrer Familie oder mit Freunden zu Hause am Tisch sitzen, verstecken Sie diese Spritzpistole unter Ihrer Serviette oder an einem anderen geeigneten Ort. Spritzen Sie dann völlig unvermittelt diejenige Person ein wenig nass, die als Erste irgendetwas Negatives sagt, die als Erste jammert (»Oh, was ist das für ein Scheißwetter zurzeit«).

Nach der hoffentlich spaßigen Entrüstung legen Sie die Spritzpistole mitten auf den Tisch und schlagen vor, dass die nächste Viertelstunde alle reihum etwas Positives erzählen, was sie aktuell erlebt haben. Sobald etwas Negatives kommt oder das Positive einen negativen Touch hat, darf jemand die Sprecher nassspritzen.

Ich verspreche Ihnen: Je trockener Ihre Runde bleibt, desto schöner wird Ihre Tischgemeinschaft.

Der humorvoll-satirische Moment

Worte

Ein Vater geht mit seiner dreijährigen Tochter spazieren. Plötzlich ruft die Kleine angewidert: »Oh Papa, ich bin in ein ganz hässliches Wort getreten!«

14

Nicht sorgen – trachten!

Nach dem allen trachten die Heiden. Denn euer
himmlischer Vater weiß, dass ihr all dessen bedürft.
Trachtet zuerst nach dem Reich Gottes und nach
seiner Gerechtigkeit, so wird euch das alles zufallen.
Matthäus 6,32-33

Ich kenne eigentlich niemanden, der das Verb »trachten« in seinem normalen Sprachgebrauch verwendet, mich eingeschlossen. Überhaupt ist mir dieses Wort nur in dem kriminologischen Zusammenhang »jemandem nach dem Leben trachten« geläufig. Oder eben aus diesem recht bekannten Bibelvers.

Der Duden gibt für das Verb »trachten« folgende Bedeutung an: »Bemüht sein, sich anstrengen, etwas Bestimmtes zu erreichen.«

Wenn ich also nach etwas trachte, dann lege ich da schon ordentlich Kraft und Energie rein. Vielleicht muss ich deshalb, immer wenn ich die obigen Verse aus Matthäus lese, auch an Jeremia 29,13 denken, wo es heißt (MENG):

… und wenn ihr mich sucht, werdet ihr mich finden; ja, wenn ihr dann von ganzem Herzen Verlangen nach mir tragt…

Ich denke, dies trifft es: Gott will, dass ich aus tiefstem Herzen Verlangen nach ihm habe.

Er will nicht, dass ich einen Bibel-Leseplan abarbeite, wie einen Wochenputzplan.

Er will nicht, dass ich mich morgens früh aus dem Bett quäle und mir eine sogenannte »stille Zeit« abkrampfe, bei der ich permanent gähnend an etwas anderes denke.

Wer einen anderen Menschen attraktiv und sexuell anziehend empfindet, der begehrt ihn recht schnell. Entwickelt ein Verlangen, mit dieser Person intim zu werden. Sie zu küssen und zu streicheln, ja mit ihr zu verschmelzen. »Ein Fleisch sein« nennt dies die Bibel in 1. Mose 2,24.

Wer das schon einmal erlebt hat, der weiß, was für ein Wumms darauf liegt. Wie unendlich stark der Antrieb ist, dieses Verlangen zu befriedigen. Man wird kreativ, man wird durchsetzungsstark, einfühlsam, man entwickelt innerhalb kürzester Zeit die ungeahntesten Fähigkeiten.

Genau darum geht es auch in der Begegnung mit Gott.

Wie viele stille Zeiten auf dieser Welt haben sich schon in antriebslose Lethargie aufgelöst und ein schlechtes Gewissen nach dem anderen hinterlassen. Daran haben Vater, Sohn und Heiliger Geist jedoch nullkommanull Interesse.

Gott braucht mich nicht, um sein Reich aufzubauen. Er braucht mich nicht, damit seine Gerechtigkeit sich durchsetzt. Aber er weiß, dass es im tiefsten Inneren nichts Schöneres für einen Menschen gibt, als das tiefe Verlangen zu entwickeln, permanent von Gottes Liebe zu erzählen. Das Erlösungswerk von Jesus Christus öffentlich bekannt zu machen. Ein drängendes Verlangen, dass alle Menschen die unendlich gnädige Liebe Gottes kennenlernen.

Aber mündet das nicht auch in einen anstrengenden Aktionismus, der irgendwann in lustloser Evangelisation auf Obstkisten in Fußgängerzonen verendet?

Nicht wenn der Antrieb ein tiefes Verlangen ist, nicht wenn aus »Ja, vielleicht, könnten wir mal machen, mal sehen« ein Grundbedürfnis, ein Trachten wird.

Ein Verlangen, das ganz natürlich aus der geistlichen Verschmelzung heraus entsteht, die in dem Moment geschehen ist, in dem jemand von Neuem geboren und mit Gott ganz intim geworden ist (siehe Kapitel 11).

Je mehr ich durch ein solches Verlangen motiviert bin, desto automatischer blicke ich von mir und »meinen« Sorgen weg.

Ganz bewusst beruhigt uns Jesus in Matthäus 6,32, bevor er in Vers 33 auf das Trachten eingeht: »Bleib locker und mach dich nicht verrückt. Du kennst mich und du darfst sicher sein, dass Papa im Himmel deine Grundbedürfnisse kennt und genau weiß, was du brauchst.«

So! Und nun?! Wie bekomme ich ein solches Verlangen? Wie fange ich an, für das Reich Gottes zu brennen? Also doch geistliche Klimmzüge oder was?!

Gott wäre nicht der gnädige, liebevolle himmlische Vater, wenn er durch eine fromme Hintertür mit einem Leistungsprinzip um irgendeine pseudoheilige Ecke kommen würde.

Verlangen nach »mehr von Gott« kann man sich nicht erarbeiten oder studieren. Ich habe schon mit einigen Theologinnen und Theologen gesprochen, die mir ausnahmslos bestätigt haben, dass ihr Glaube und ihr Verlangen nach Gottes Reich und seiner Gerechtigkeit nicht Semester für Semester größer geworden sind, eher im Gegenteil.

»… denn Gott ist es, der beides, das Wollen und das Vollbringen, in euch wirkt, damit ihr ihm wohlgefallt« (MENG), heißt es in Philipper 2,13.

Ja, wir können uns noch so anstrengen, wir werden Gott nicht imponieren. Nicht aus uns heraus. Nicht aus eigener Anstrengung.

Das, was Gott sich von und mit uns wünscht, das schenkt er uns. Das wirkt er in uns. Alles, was ich tun kann, damit ich immer mehr eine Frau oder ein Mann des (göttlichen) Geistes werde, ist, völlig frei von Vorstellungen mit einem ganz weit geöffneten Herzen Zeit mit dem Geist Gottes zu verbringen.

Ein Mann, der mir in diesem Zusammenhang ein wirklich großes Vorbild war und durch meine guten Erinnerungen an ihn auch noch ist, ist »Mecki«, Pastor Manfred Schlömerkämper, dem ich dieses Buch gewidmet habe.

Mecki hat über Jahrzehnte die Bibel exakt jedes Jahr zweieinhalbmal durchgelesen. Fragen Sie mich bitte nicht warum. Warum nicht einmal, nicht zweimal oder dreimal? Warum genau zweieinhalbmal? Jedes Jahr aufs Neue mit dem gleichen Hunger nach Gottes Wort und überhaupt nicht aus einem toten Pflichtbewusstsein heraus. Dies war so normal, so natürlich für Manfred, genauso wie er sich dann im Laufe des Tages immer eine Hamburger Boulevardzeitung kaufte und diese las.

Wenn man Mecki kannte, hatte man das Gefühl, er verbringe jede Minute des Tages direkt connected mit Gott. Für mich war er die Personifizierung von Lukas 6,45 (MENG):

Ein guter Mensch bringt aus der guten Schatzkammer seines Herzens das Gute hervor, während ein böser Mensch aus der bösen Schatzkammer seines Herzens das Böse hervorbringt; denn wovon das Herz voll ist, davon redet sein Mund.

Und Meckis Herz war eben voll mit Gott! Voll mit Geist!

Wenn Manfred morgens die Augen aufschlug, setzte er sich im Bett auf und betete immer dasselbe Gebet: »Herr, mach mit mir heute, was du willst! Aber mach du!«

Bei all seinem tiefen Glauben war Manfred überhaupt nicht verschont von schlimmem Leid und schweren Krankheiten bis hin zu Krebs. Gottes Liebe, seine Gnade und Barmherzigkeit, hat er aber keine Sekunde infrage gestellt. Er hatte die Überzeugung internalisiert, dass Gott genau weiß, was wir brauchen. Mecki hat Ärzte, den medizinischen Fortschritt und das Medikament zur Blutverdünnung genauso aus Gottes Hand genommen wie die zahlreichen Wunder, die seine Frau und er in den vielen Jünger-schaftsschulen erleben durften, die sie jedes Jahr mit suchenden Menschen durchgeführt haben.

Manfred trachtete tatsächlich nach Gottes Reich und seiner Gerechtigkeit. Ich bin auch heute noch unheimlich dankbar für unsere jahrelange tiefe, ehrliche Freundschaft und das leibhaftige

Zeugnis, das er für mich war. Und ich freue mich, dass meine Familie und ich weiterhin sehr eng mit seiner Frau Rita befreundet sind, die leider viel zu früh Witwe geworden ist.

Dieses Verlangen und das damit verbundene Trachten ist zugegebenermaßen bei mir noch etwas unterentwickelt. Meine Freude an fleischlichen Genüssen und mein Wunsch nach seelischen Höhepunkten sind noch ziemlich ausgeprägt. Aber ich bin guten Mutes, nein, felsenfest davon überzeugt, dass Gott hier von innen heraus immer mehr durchbrechen wird. Zumal ich eines bereits erkannt habe: die Tatsache, dass meine eigenen Sorgen wirklich kleiner werden, wenn ich ganz bewusst den Blick von mir weglenke, um anderen Menschen etwas Gutes zu tun. Und das Beste, was ich meinen Mitmenschen tun kann, ist, ihnen die Liebe Gottes zu offenbaren. Ihnen von Gottes Sohn, Jesus Christus, zu berichten und zu erzählen, welche Wunder Gott schon in meinem Leben vollbracht hat. Dies möchte ich aber, wie bereits erwähnt, stets authentisch und unaufdringlich tun.

Dabei lerne ich immer mehr, auf die Impulse von Gottes Geist in mir zu hören. Lasse ich sie »ungenutzt« vorüberziehen und ergreife die Gelegenheit nicht direkt, dann wird es ein Krampf. Immer. Manchmal auch katapultieren mich plötzliche Sorgen-Attacken aus einem richtig guten Gespräch über Gott.

»Alles nicht dramatisch«, signalisiert mir dann der Heilige Geist. »Geh einfach weiter, Bernd! Versagen hing schon damals mit Jesus am Kreuz und ist nicht mit ihm auferstanden.«

Einst hatte ich eine wunderbare Massage. Ich lag auf dem Bauch auf einer breiten Liege, die mit einem Frotteehandtuch bedeckt war. Mit dem Masseur führte ich ein richtig gutes Gespräch. Er erzählte mir von zahlreichen spirituellen Erfahrungen. Wie schön, dachte ich, einmal kein Smalltalk über das Wetter oder ein Gespräch über negative Dinge wie die Klimakrise oder andere Nöte, die die Tagesschau am Vorabend thematisiert hat.

Nun wollte ich ihm auch von meinem Glauben erzählen. Davon, wie Jesus mich zu einem neuen Menschen gemacht hat. Da merkte ich plötzlich, wie meine Knie warm wurden. Normalerweise hätte ich dies nicht weiter beachtet. Da ich mir die Knie aber ein paar Wochen zuvor verletzt hatte und der Physiotherapeut nicht meine Beine, sondern meinen Schulterbereich massierte, schossen mir sofort angstmachende Gedanken in den Kopf: Es macht sich erneut eine Entzündung in deinen Kniegelenken breit, Bernd. Sie werden heiß! Das bedeutet nichts Gutes. Das kann sich ziemlich schnell sehr schlimm entwickeln!

Gedanklich verwandelte ich die Massageliege schon in einen Operationstisch. Statt dem Masseur von der guten Nachricht von Jesus Christus zu erzählen, bat ich ihn im übertragenen Sinne um ein schnelles Trostpflaster. Ich wollte hören, dass alles in Ordnung sei, und fragte: »Kann es sein, dass diese Rückenmassage so stark die Durchblutung anregt, das sogar meine Kniegelenke jetzt ziemlich warm werden?« Als ich die Frage gestellt hatte, war mir direkt klar, von welch dämlicher Substanz sie war.

Der Therapeut antwortete nur ganz nüchtern: »O nein! Diese Liege hat eine Heizung und die habe ich eingeschaltet. Deshalb sind Ihre Knie und Beine warm. Soll ich sie ausschalten?«

»Ja, gerne!«, bat ich und musste innerlich sehr über mich schmunzeln. Ich glaube, Gott schmunzelte mit. Er weiß eben immer, was ich gerade brauche!

Der praktische Moment

Nehmen Sie einen Zettel und notieren Sie darauf alle Mitmenschen, denen Sie gerne mal etwas Gutes tun wollen. Notieren Sie dann dahinter, wo genau Sie den Menschen helfen wollen oder was Sie gerne für sie tun würden. Bitte bedenken Sie, dass es um kleine Dinge geht, keine riesigen Projekte, sondern schnell Umsetzbares.

Diese Liste ist als kleine Notfallliste für Sie gedacht. Wenn Sie merken, dass Sie von Sorgen attackiert werden und aus der Sorgen-Spirale nicht mehr herauskommen, »zwingen« Sie sich, diese Liste zur Hand zu nehmen, und werden Sie aktiv. Setzen Sie etwas von der Liste in die Tat um.

Überlassen Sie es Gott und dem Heiligen Geist, ob sich in dieser Barmherzigkeitshandlung auch ein tiefes Gespräch ergibt.

Bitte kein Druck!

Der humorvoll-satirische Moment

Beim Pferderennen

Der Jockey beendet das Rennen als Erster.

Sofort rennt sein Manager zu ihm und meint: »Sie hätten aber doch noch viel schneller im Ziel sein können?!«

Darauf der Jockey: »Klar hätte ich das, aber ich musste doch beim Pferd bleiben.«

Und zum Abschluss noch einen …

Der Chef zum Arbeitnehmer: »Was ist Ihr Ziel hier bei uns in der Firma?«

Darauf der Arbeitnehmer: »Feierabend!«

Der Chef weiter: »Und etwas langfristiger?«

Der Arbeitnehmer: »Wochenende!«

15

Moment, ich lebe gerade – gerade jetzt!

Macht euch also keine Sorgen um den morgenden Tag! Denn der morgende Tag wird seine eigenen Sorgen haben; jeder Tag hat an seiner eigenen Mühsal genug.
Matthäus 6,34 (MENG)

Eine Frau, die sich tatsächlich nur sehr wenige Sorgen machte, zumindest äußerte sie selten welche, war meine geliebte Omi, die Mutter meiner Mutter. Ihre Sorgenfreiheit war proportional zu ihrem Gottvertrauen. Sie erzählte mir ständig »vum liewe Gott« (»vom lieben Gott«). Dies hat mich in keinster Weise gelangweilt oder genervt, denn die Atmosphäre, ich nenne es einmal die Energie, in der sie mir ihren Glauben offenbarte und vorlebte, war unheimlich angenehm und ansteckend. Heute bin ich überzeugt, dass Gott mit Omi auch schon meinen eigenen Glaubensweg vorbereitet hat.

Die einzige Sorge, die Omi vielleicht hatte, war, dass sie sich relativ viele Gedanken darüber machte, was wohl die Leute denken könnten. Im Alter litt sie unter Schwindelzuständen und deshalb brauchte sie draußen einen Stock. Da sie aber unbedingt vermeiden wollte, dass jemand denken könnte, ihr Alterungsprozess sei schon so weit fortgeschritten, benutzte sie anstelle eines Stocks einen Schirm als Gehhilfe. Meine Omi war also immer mit Hut und Stockschirm unterwegs, auch bei 30 Grad und blauem wolkenlosen Himmel. Was sich die Leute dabei dachten? Es wird uns wohl ewig verschlossen bleiben.

Meine Omi hatte einen gut ausgebildeten und zuverlässigen Schutzengel. Ich glaube, manchmal hat sogar eine ganze Armee von Engeln auf sie aufgepasst – zum Beispiel in Berlin.

Anfang der Achtzigerjahre reisten meine Mutter, meine Omi und ich nach Westberlin. Ich war aufgeregt und total begeistert. Endlich mal eine Weltstadt besuchen!

Wir drei hatten jeden Tag einiges auf dem Programm, denn wir wollten so viel wie möglich von dieser Metropole sehen. Einmal machten wir uns auf zur Siegessäule. Im Reiseführer hatte ich gelesen, dass man diese hochsteigen kann, und es wurde ein wunderbarer Ausblick verheißen. Mit Bus und Bahn fuhren wir zum großen Stern, wie der Platz heißt, in dessen Mitte die Siegessäule steht. Um die Säule herum verläuft ein sogenannter Spiral-Kreisverkehr mit vier, teilweise fünf Spuren. Am äußeren Rand dieses Kreisverkehrs sind einige Bänke aufgestellt, auf denen man sich ausruhen kann. Will man die 285 Stufen hinauf zur »Goldelse« steigen, wie die Berliner die vergoldete Bronzefigur nennen, muss man zunächst durch eine Fußgängerunterführung, um die Straße zu unterqueren. Der Kreisverkehr war schon damals unheimlich befahren, heute nutzen ihn im Durchschnitt 180 000 Pkw täglich.

Omi wollte sich die Treppen nicht zumuten. Daher beschloss sie die Siegesgöttin aus der römischen Mythologie von einer Bank am Rande des Kreisverkehrs zu bewundern. Sie wollte dort auf uns warten, bis meine Mutter und ich zurückkehrten. Wir wagten also den Aufstieg und wurden mit einem großartigen Ausblick über den Großen Tiergarten, das Schloss Bellevue und vieles mehr belohnt.

Aus dieser Nähe hat mich die Größe von Viktoria, der Bronzefigur, mächtig beeindruckt. Gleichzeitig waren von hier oben die Autos auf dem Kreisverkehr deutlich kleiner und es wurde einem noch viel deutlicher, wie viele Fahrzeuge dort tummelten. Meine Mutter und ich nahmen uns genügend Zeit, um in alle Himmelsrichtungen zu blicken.

Plötzlich gab es ein lautes Hupkonzert. In Berlin wird eigentlich ständig gehupt, aber dies war doch außergewöhnlich. Reflexartig blickten wir nach unten. Was wir da sahen, ließ uns den Atem stocken.

Omi hatte anscheinend beschlossen, sich nun doch einmal näher an die Siegessäule heranzuwagen, die Unterführungen aber nicht wahrgenommen. Also überquerte sie mit ihrem Stockschirm zackigen Schrittes und stolz und zielsicher wie eine echte Preußin die Fahrbahnen. In dem Moment, in dem wir nach unten schauten, hatte sie bereits die Hälfte geschafft. Sofort eilten meine Mutter und ich die knapp 300 Stufen nach unten. Dort saß Omi erneut auf einer Bank und begrüßte uns fröhlich: »Oh, do sinner jo widder! Hänner schä geguckt?« (»Ach, da seid ihr ja wieder! Hattet ihr einen schönen Ausblick?«)

Mama und ich begannen sofort, auf meine Großmutter einzuschimpfen. Wir sagten ihr, dass wir uns große Sorgen gemacht hatten und davon ausgegangen waren, sie verletzt auf der Straße vorzufinden, wenn wir am Fuß der Siegessäule ankamen.

Wie so oft bekundete Omi, dass man sich um sie keine Sorgen zu machen brauchte. Trotzdem entschuldigte sie sich in ihrer generell demütigen Art. Der restliche Tag war dann deutlich getrübt, der Schreck saß meiner Mutter und mir noch lange in den Gliedern.

Circa dreißig Jahre später bin ich mit der jungen Mutter, die mit Baby und Kinderwagen unachtsam direkt vor mein Auto gelaufen war, deutlich gnädiger und weiser umgegangen.

Ich glaube, Schimpfen ist genauso unsinnig und unproduktiv, wie sich dauernd Sorgen zu machen. Am schlimmsten ist es, wenn man Menschen begegnet, die sich ständig Sorgen machen und diese Sorgen in Form von Schimpftiraden permanent kundtun.

Im Herzen waren meine Mutter und ich unheimlich erleichtert und dankbar, als wir meine Omi unversehrt und guter Dinge auf einer Bank vor der Siegessäule vorfanden. Aber statt dieser Dankbarkeit mit Küssen und einem Freudentanz und lautem Jubel Ausdruck zu verleihen, begannen wir zu schimpfen. Vielleicht versuchten wir so unterbewusst, unseren Schreck zu verarbeiten. Außerdem nahmen wir wohl an, damit künftig ein achtsameres Verhalten bei Omi zu bewirken.

Wir hielten uns also mit unserem Verhalten in der Vergangenheit (die Straßenüberquerung meiner Großmutter) und in der Zukunft (Omi muss im Straßenverkehr zukünftig mehr acht-geben) auf, nicht aber im Jetzt!

Nicht in diesem Moment!

Ein Moment, der ein echter Glücksmoment war!

Omi war gesund und unversehrt!

Omi hätte auf unsere Standpauke mit Fug und Recht und im wahrsten Sinne des Wortes mit meinem Buchtitel kontern können: »Moment, ich lebe gerade!«

Hätten wir diesen Moment mit einer liebevollen Umarmung und deutlich ausgedrückter Dankbarkeit gefeiert, wir hätten garantiert die Sorgen und den Schreck aus dem Weg geräumt und an diesem Urlaubstag sofort neuer Lebensfreude Platz gemacht. Mit unserer Standpauke dagegen haben wir uns Neuem gegenüber verschlossen und altes Verhalten zementiert.

Liebe Leserin, lieber Leser, wir befinden uns auf der Zielgera-den dieses Büchleins und ich möchte Ihnen gerne mitteilen, dass sich jetzt, wo ich die Geschichte von meiner längst verstorbenen Omi und die Erkenntnisse, die ich dabei habe, niederschreibe, ein unbeschreibliches Glücksgefühl in mir breitmacht. Irgendwie glaube ich, dass sich in mir tatsächlich etwas gedreht hat. Echte Veränderungen passiert sind.

Ich denke an den Meisenmann an meinem Gartenteich und bin so dankbar für das, was er vor ungefähr einem Jahr bei mir angestoßen hat.

Ich lerne immer mehr, im Moment zu leben. Meine Lebens-momente bewusst wahrzunehmen, so wie sie sind.

Die allermeisten Momente sind bei genauem Hinsehen unheimlich schön. Manche sind traurig, andere sehr traurig, wieder andere auf eine ganz andere Art besonders.

Ich erlebe, wie meine Sorgen weniger und meine Lebensfreude mehr wird. Dies liegt zentral auch daran, dass ich lerne, mich nicht mehr so schnell von äußerlichen Drohkulissen beeindrucken zu lassen. Stattdessen mache ich ordentlich Balsamico auf den Mozzarella und lebe immer mehr von innen heraus. Auf Du und Du mit dem Heiligen Geist in mir bin ich von Äußerlichkeiten nicht mehr so schnell zu beeindrucken. Immer schneller, immer spontaner achte ich auf mein inneres, göttliches Zeugnis, Moment für Moment.

In dem Augenblick, in dem ich dies niederschreibe, sitze ich im Kurpark in Bad Mergentheim an einem schattigen Plätzchen auf einer Bank, ganz alleine an einem kleinen Springbrunnen. Ich denke darüber nach, wie sich der Kreis schließt. Begonnen habe ich dieses Buch mit einer Begebenheit an meinem Gartenteich zu Hause.

Da! Ein heftig stechender Schmerz in meinem linken Knie. Katastrophisierende, sorgenvolle Gedanken habe ich diesmal nicht, obgleich das Stechen jetzt hier im Kurpark ziemlich stark ist und obendrein ganz real.

So real wie der schwere Sturz in Hamburg vor zehn Wochen. Da bin ich nicht gedanklich konstruiert die Treppe in meinem Haus hinuntergefallen, sondern tatsächlich auf dem Kopfsteinpflaster in der Fußgängerzone umgeknickt und der Länge nach hingefallen. Es war ein schwerer Sturz und ich konnte nur mithilfe freundlicher Passanten wieder aufstehen. Ich hatte mir schwere Blutergüsse, besonders im linken Knie, und eine Schulterprellung zugezogen. Unheimliche Schmerzen quälten mich und ich war drei Wochen lang ein halber Pflegefall. Auch heute ist mein linkes Knie noch weitgehend taub, angeschwollen und verfärbt.

Immer wieder versuchen verschiedenste Horrorszenarien-Geister nach mir zu greifen und mir die Kehle zuzudrücken, an die ich sie aber nicht mehr so leicht ranlasse.

Ich stoppe den Gedanken, dass es mit dem Knie immer schlimmer und niemals wieder besser werden wird, sehr schnell und bleibe im Hier und Jetzt.

Jetzt gerade schmerzt das Knie etwas, aber dies ist gut auszuhalten und die Wahrscheinlichkeit, dass ich noch heute ein neues Kniegelenk benötige, ist gleich null.

*Der morgende Tag wird seine eigenen Sorgen haben;
jeder Tag hat an seiner eigenen Mühsal genug.*

Jetzt gerade, in diesem Moment, empfinde ich überhaupt keine Mühsal. Ich habe mich in diesen Kurort zurückgezogen, um dieses Buch in Ruhe zu Ende zu schreiben. Nicht einmal das Fasten, das zu meinem Programm gehört, fällt mir sonderlich schwer.

Wie neu für mich, wie schön, welch eine wunderbare neue Facette der Lebensfreude!

Den Platz, den früher meine ganzen Sorgen eingenommen haben, stelle ich jetzt ganz neuen, göttlich inspirierten Denkmustern zur Verfügung.

Ich bin durch Jesus Christus begnadigt. Ein für alle Mal! Der Prozess im Jüngsten Gericht wird für mich gut ausgehen.

Ich kann den klaren Ansagen Gottes ganz getrost vertrauen. Immer!

Es macht mir richtig Freude, genauer hinzusehen, wie, wann, was mit mir geschieht, und Gott mit all seiner Fülle in den Prozessen zu entdecken.

Ich erkenne immer besser, wie mein geistgeleitetes Sprechen mich stärkt, und das Jammern nimmt ab.

Gott ist mein Grundversorger, er wird mich niemals hängen lassen. Das Schlimmste, was mir passieren kann, ist, dass ich aus dieser irdischen Vergänglichkeit in sein himmlisches Reich der ewigen Liebe purzle.

Ich nehme ein Geräusch wahr und öffne meine Augen, die ich eine ganze Zeit geschlossen hatte. Vor mir, am Rande des Springbrunnens, nicht mal einen Meter entfernt, sitzt eine wunderschöne, große Ringeltaube. Ich verhalte mich ganz ruhig, denn ich merke, dass der Vogel ängstlich und unsicher ist, ob eventuell eine Gefahr von mir ausgehen könnte. Wahrscheinlich ist es nur dem heißen Wetter geschuldet, dass das Tier an den Brunnen geflogen ist, obwohl ich noch dort sitze. Die Taube wartet einen Moment. Dann senkt sie ihren Kopf und nimmt mehrere große Schlucke von dem erfrischenden Wasser.

Was für ein schönes Tier! Dieses glatte, so schön gezeichnete Federkleid, diese wachen Augen, denke ich und greife ganz langsam und vorsichtig nach meinem Handy in der Brusttasche. Diesmal möchte ich nicht die Bibel-App öffnen, nein, ich möchte die Ringeltaube gerne fotografieren. Sie trinkt weiter.

In dem Moment, in dem ich sie mit der Handykamera fokussiert habe und auslösen möchte, hebt sie ruckartig ihren Kopf und fliegt auf den Ast einer Kastanie. Jetzt sitzt sie in einer sicheren Entfernung von gut sieben Metern von mir. Ein Foto mit dem Mobiltelefon ergibt keinen Sinn mehr. Hast du deinen Leserinnen und Lesern im Prolog dieses Buches nicht geraten, sie sollen ihr Essen nicht fotografieren, sondern es ganz analog genießen?!, denkt es in mir. Ich muss schmunzeln.

»Gru, gru, gru, gru«, gurrt die Taube von ihrem Baum herunter.

Eine viel tiefere Tonlage und deutlich mehr Volumen als das »Zizibäh« des Kohlmeisen-Männchens. Eigentlich klar. Die Taube ist ja mindestens zehnmal so groß.

Erneut muss ich lächeln. Ich empfinde, dass Gott mit seinem Heiligen Geist in diesem Moment gerade sehr präsent ist.

Was für eine Symbolik. Eine Taube. Das Sinnbild für den Geist Gottes.

Von außen betrachtet mag sich dies kitschig lesen, aber ich weiß im Herzen genau, was Gott mir mit der Begegnung mit diesem größeren Vogel sagen will:

»Bernd! Du hast es zugelassen, dass du abnimmst und ich zunehme. Ich durfte im letzten Jahr in dir deutlich größer werden. Du bist mein Kind! Ich liebe dich!«

Danke! Danke, himmlischer Vater!

Epilog

Die Liebeserklärung, die Gott mir am Ende des letzten Kapitels am Springbrunnen in der Begegnung mit der Ringeltaube gemacht hat, gilt auch für Sie!

Sie sind Gottes geliebtes Kind! Egal was man Ihnen einreden möchte, sei es laut von außen oder seien es laut flüsternde Gedanken, nur eines stimmt, nur eins ist die Wahrheit:

Gott ist Liebe!

Gott ist die Liebe!

Und: Gott liebt Sie!

Es ist mir durchaus bewusst, dass solche Thesen schnell in Gefahr geraten, allzu abgedroschen zu klingen. Sie werden oft als bloße fromme Formeln, als Betäubungsmittel mit Placeboeffekt angesehen, um das scheinbar Reale halbwegs erträglich zu machen.

Genau dies ist der Grund, warum ich in diesem Buch so viel von mir selbst geschrieben habe, so viel von meinen persönlichen Erlebnissen. Ich will einfach so sicher wie möglich gehen, dass ich Sie mit diesem Buch ermutige, Ihnen aber unter keinen Umständen etwas überstülpen. Möchte nicht den Anschein erwecken, über Ihr Leben besser Bescheid zu wissen als Sie selbst. Deshalb habe ich wenig über andere geschrieben und versucht, das, was ich erkannt habe, mit eigenen Erlebnissen zu belegen.

Auch habe ich mich auf das beschränkt, von dem ich fest überzeugt bin, dass es für jeden Menschen gilt, sodass es wirklich alle erleben können.

Vergessen Sie nie:

Ihr Leben wurde Ihnen von Gott geschenkt.

Ihr Leben gehört Ihnen! Ihnen und Gott!

Gott können Sie getrost als Miteigentümer akzeptieren, denn er meint es immer gut mit Ihnen.

Unter keinen Umständen gehört Ihr Leben Ihren Vorgesetzten.

Es gehört nicht Ihren Nachbarn.

Es gehört nicht Ihrer Kollegin oder Ihrem Mitarbeiter.

Es gehört nicht Ihrer Pastorin oder Ihrem Pfarrer.

Es gehört nicht einmal Ihrer Partnerin oder Ihrem Partner.

Ich hoffe und bete, dass ich Ihnen helfen konnte, etwas Platz für ganz neue Lebensfreude zu schaffen und Ihr Leben nicht von außen zu betrachten, sondern von innen heraus zu leben.

Moment für Moment!

Dankeschön

Am Ende der nach ihm benannten Show verabschiedete sich Peter Alexander mit dem folgenden Lied von seinem Publikum: »Dankeschön, Sie war'n bezaubernd. Dankeschön, wenn wir auch auseinandergeh'n, gibt's doch ein Wiederseh'n.«[1] Auch mir ist es sehr wichtig, mich zu bedanken.

Zuallererst bei Ihnen, liebe Leserin, lieber Leser. Sie haben sich auf dieses Büchlein eingelassen. Haben meine Geschichten gelesen und sich meine Erfahrungen und meine Meinung angehört, ich meine natürlich, gelesen.

Was das »Wiederseh'n« betrifft, würde ich mich sehr freuen, wenn wir uns einmal persönlich begegnen. Vielleicht bei einer Lesung? Kommen Sie dann gerne auf mich zu, schenken Sie mir einen Moment Ihres Lebens und berichten Sie mir, an welcher Stelle meine Ausführungen für Sie eine Hilfe waren und wo nicht. Gott segne Sie!

Ein ganz dickes, fettes Dankeschön geht an meine Lektorin, Christiane Kathmann. Ein klein wenig sind wir jetzt schon ein eingespieltes Team. Ihre hohe Fachkompetenz, ihre Nüchternheit und ihre Sachlichkeit, die aber niemals auf Kosten von Herzlichkeit gehen, durfte ich schon im Lektorat meiner Autobio-

---

[1] Dankeschön, Text: Fritz Jahn, Musik: Egon Goldberg & Ernest Sennhoffer © A Tempo Verlag / MHW Musikverlag, Zürich.

grafie genießen. Auch jetzt war es mir wieder eine große Freude, mit ihr zusammenzuarbeiten. Danke!

»Never change a winning team!« gilt auch für die Zusammenarbeit mit Tabea Halbmeyer vom SCM Verlag, die mich ebenfalls zum zweiten Mal begleitet hat. Eigentlich kam von ihr in einem längeren Telefonat die Initialzündung für diesen Ratgeber. Während ich das Ganze vielleicht doch verworfen hätte, war sie von Anfang an angetan von der Idee eines solchen Buchs und hat es mit ihrem telefonischen Charme und ihrer klaren Stringenz vorangetrieben.

Vielen Dank dem gesamten Team der Hufeland Klinik in Bad Mergentheim. Dort habe ich während eines Kuraufenthalts weite Teile dieses Buchs geschrieben. Eure stets sehr freundliche und zugewandte, fröhliche Art bei jeder auch noch so kleinen Begegnung, wenn ich irgendwo saß und geschrieben habe, hat mich sehr beflügelt. In dieser Klinik herrscht keine Klimakrise. Vielmehr ist das Klima an diesem Ort geprägt von Menschlichkeit, Herzlichkeit und Empathie! Danke!

Danke, Meisenmann, für deine »Zizibäh-Predigt« an meinem Gartenteich, mit der du ja irgendwie dieses Buch initiiert hast.

Ein fettes Danke auch an A. Michelle, die mir mit ihren so positiv geladenen Reaktionen auf einzelne »Lesehappen« eine starke Ermutigung war.

Natürlich danke ich auch in ganz besonderer Weise meiner geliebten Frau Kerstin. Für die Erkenntnisse in meinem Buch hat sie schon lange gebetet. Immer wieder hilft sie mir, Sorgen geistlich zu begegnen. Mit ihrem unerschütterlichen Glauben und ihrer ausgerichteten geistlichen Klarheit ist sie auch für mich eine Durchbrecherin und hat mir so manches Mal den Weg frei gemacht, um Gottes Liebe ganz neu zu erkennen.

Dankeschön!